매일매일／채식밥상

만만한 재료로 쉽게 지속하는
맛있는 비건 생활

매일매일 / 채식밥상

홍승 지음

담앤북스

서문

자연을
살리는
맛있고 멋진
채식

땅과 물, 불, 바람,
자연은 생명을 이루는 근본입니다

불교에서는 이 세계의 모든 물질적 존재가 지(地)·수(水)·화(火)·풍(風)의 사대로 이루어져 있다고 말합니다. 땅과 물과 불, 바람, 자연은 우리가 살아가는 세상, 우리가 생명을 유지하고 살아가고 있는 근본이지요. 사람을 포함한 모든 물체는 이 네 가지 요소가 인연마다 뭉쳐 이루어진 것인 까닭에 인연이 다하면 다시 지·수·화·풍의 본래 요소로 되돌아간다고 합니다. 이러한 연유로 사대가 부조화하면 병고가 일어난다고 하는 것입니다.

사대의 조화가 깨어진 지구,
모든 생명이 위협받고 있습니다

지금 우리가 살고 있는 지구는 어떤가요? 급격한 기후 변화가 불러온 홍수, 가뭄, 산불, 태풍, 폭염, 한파 등의 자연 재해는 인간의 힘으로 제어할 수 있는 범위를 벗어났습니다. 인구의 증가와 산업 발전, 소비 증대는 각종 자연 자원을 무분별하게 훼손하고 막대한 양의 매연·오수·폐기물·유독 화합물·소음·진동·방사능 물질 등을 배출하고 있지요. 사대의 조화가 깨져 병을 앓고 있는 모양새입니다. 이러한 상태는 시간이 갈수록 더욱 심화되고 있으며 인간의 생활 환경뿐만 아니라 모든 생명의 생존을 위협하고 있습니다.

육류 생산을 줄이고 채식하는 것,
환경을 지키는 건강한 습관입니다

이 부조화의 위기를 극복하기 위해서는 각 나라뿐만 아니라 전 세계인들이 노력해야 합니다. 그 첫 번째 실천이 육류 섭취를 줄이는 것입니다. 육식 위주의 식단은 탄소 배출을 늘려 기후 위기를 불러오는 원인 중 하나로 지목되고 있습니다. 소가 먹는 사료를 만들고 소를 기르는 방목 공간을 만들기 위해 전 세계 곳곳의 열대우림이 불태워지고 있습니다. 이는 탄소를 흡수해 저장할 나무가 사라지고 있다는 뜻이죠. 유엔에서는 이미 오래전에 '기후변화 보고서'를 통해 육류 생산 비중을 줄이고 식물성 식품 섭취 확대로 기후 변화 위험을 감소시킬 수 있다고 밝혔습니다.

같은 재료, 다른 조리법으로
매일 색다른 채식 생활

육류 위주의 식생활을 채식으로 바꾸는 것은 쉽지 않은 일입니다. 그러나 그리 어려운 일이 아니므로 쉽고 유연한 자세로 접근하는 것이 좋습니다. 갑자기 육류 섭취를 끊기보다는 하루 한 끼, 맛있는 채소 식단으로 바꾸는 것으로 시작해 보세요.

이 책은 채식에 관심이 있는 분들이라면 누구나 손쉽게 따라 할 수 있도록 간단한 조리법으로 만들었습니다. 같은 재료도 조금 다른 양념, 다른 조리법으로 새로운 음식이 될 수 있다는 점을 알려 드리려고 했습니다. 채소별로 레시피를 묶어 구성한 것도 언제 어디서든 냉장고에 있는 재료로 가볍게 시작할 수 있으면 하는 마음에서입니다. 지구 환경 문제에 대한 관심으로 채식 위주의 식생활을 하려는 분들에게는 교과서 같은 책이 되리라 생각합니다.

끝으로 구성을 짜고, 요리하고, 사진으로 담아 한 권의 책으로 만들어지기까지 모든 순간 함께 애써 준 분들께 감사의 말씀을 전합니다.

홍승

차례

서문_ 자연을 살리는 맛있고 멋진 채식　　004

짠맛 내는 네 가지 양념과 쓰임새　　017
기본 다지기　　018
일러두기　　020

가지
가지나물비빔밥　　024
가지냉채　　026
가지된장구이　　028
가지장아찌　　030
가지찜　　032
가지찜무침　　034
가지튀김　　036

감자
감자간장조림　　040
감자고추장조림　　041
감자볶음　　042
감자전　　044
감자옹심이수제비　　046
감자고추장찌개　　048
감자피자　　050

곤약
곤약조림　　052

견과류
생땅콩찹쌀구이(호떡)　　054
땅콩조림　　056
견과류조림　　058
견과류된장찌개　　060

김
김장아찌　　062
김무침　　064

깻잎
깻잎김치　　066
깻잎간장장아찌　　068
깻잎된장장아찌　　070

꽈리고추
꽈리고추조림　　072
꽈리고추양송이버섯조림　　074
꽈리고추찜　　076
꽈리고추튀김무침　　078

단호박
단호박견과찜　　080
단호박밥　　082
단호박두부소스찜　　084
단호박피자　　086

더덕
더덕잣샐러드　　088
더덕구이　　090
더덕찹쌀구이　　092

도라지

도라지간장조림	094
도라지고추장구이	096
도라지오이무침	098

도토리묵

도토리묵구이	100
도토리묵무침	102
도토리묵밥	104

두부

두부과자	108
두부조림	110
두부소박이	112
두부고추장강정	114
두부잡채	116
두부채소볶음밥	118
두부스테이크	120
두부김밥	122
콩비지김치찌개	124

마

마찜	126
마콩강정	128

머위

머윗대들깨탕	130

무

무조림	134
무나물볶음	136
무생채	138
무말랭이무침	140
무콩나물밥	142

모듬버섯

버섯덮밥	146
버섯초회	148
버섯장떡	150
버섯들깨탕	152

새송이버섯

새송이버섯양념조림	154
새송이버섯꽈리고추조림	156
말린새송이버섯볶음	158

표고버섯

표고밥	160
표고만두찜	162
표고아스파라거스볶음	164
표고강정	166
버섯묵	168

황금팽이버섯

황금팽이버섯두부선	170

브로콜리

브로콜리들깨된장무침	172
브로콜리두부볶음	174

상추

상추냉국	176
상추나물무침	178
상추전	179

시금치

시금치겉절이	180
시금치버섯볶음	182

애호박

애호박구이	186
애호박볶음	187
애호박선	188
애호박잡채	190
애호박전	192
애호박된장찌개	194
얼큰된장수제비	196

말린 채소

말린애호박된장찌개	198

양배추

양배추볶음	200
양배추미역말이	202

연근

연근통들깨구이	206
연근전찌개	208
연근마요네즈무침	210
연근조림	212

우엉

우엉조림	213
우엉미나리샐러드	214
우엉튀김조림	216
우엉양념구이	218
우엉잡채	220

오이

오이나물볶음	224
오이무채소박이	226
오이냉국	228
오이백김치	230
오이간장무침	232
오이고추장무침	233

유부

유부채소밥	234
유부초밥	236
유부주머니조림	238

청경채

청경채무침	240
청경채버섯볶음	242

취나물
- 취나물잡채 — 244

콩나물
- 콩나물볶음 — 246
- 콩나물장떡 — 248
- 콩나물표고버섯찜 — 250
- 콩나물잡채 — 252
- 콩나물김치죽 — 254
- 콩나물비빔국수 — 256

김치
- 김장김치 — 260
- 얼갈이배추김치 — 262
- 양배추롤김치 — 264
- 고구마줄기김치 — 266
- 열무물김치 — 268
- 풋고추김치 — 270
- 토마토물김치 — 272
- 청경채물김치 — 274
- 장김치 — 276

장아찌
- 채소피클 — 278
- 두부장아찌 — 280
- 셀러리장아찌 — 282
- 채소장아찌 — 284
- 고추장아찌 — 286

죽
- 흑임자죽 — 290
- 감자타락죽 — 292
- 아욱죽 — 294
- 녹두죽 — 296
- 마죽 — 298
- 현미땅콩죽 — 300
- 단호박두부죽 — 302
- 호박범벅 — 304

특별한 음식
- 수삼냉채 — 308
- 가지새싹전 — 310
- 두유버섯전 — 312
- 표고버섯탕수이 — 314
- 채소말이색초밥 — 316
- 냉잡채 — 318
- 나물쌈밥 — 320
- 사찰식나물비빔밥 — 322
- 김치잔치국수 — 324
- 채개장 — 326
- 연꽃구절판 — 328
- 잣떡국 — 330

짠맛 내는 네 가지 양념과 쓰임새

소금

모든 음식에는 간을 맞추기 위해서 소금이 들어가야 합니다. 하지만 소금으로만 간을 하지 말고 간장이나 다른 양념과 섞어서 쓰는 습관을 들이십시오. 특히 나물이나 국의 간을 할 때 다른 양념들과 집간장을 같이 쓰시면 훨씬 풍부한 감칠맛이 납니다.

간장

간장에는 두 가지 종류가 있습니다. 우리나라 전통 간장인 '집간장(조선간장)'과 일본식 간장인 '양조간장'입니다. 둘은 쓰임새와 만드는 방법이 많이 다릅니다. 우리나라 전통 간장인 집간장은 국 끓일 때, 나물 무칠 때, 김치 담글 때 많이 쓰고 양조간장은 조림이나 장아찌 담글 때, 양념장 등을 만들 때 씁니다. 그 이외의 간장들은 혼합간장입니다.

된장

간장과 함께 많이 쓰는 양념입니다. 된장은 주로 음력 정월에 담급니다. 60일 정도 숙성시키는 방법과 90일 정도 숙성시키는 방법이 있는데 된장은 뜨고 나서 1년 정도 지나면 맛있습니다. 간장은 오래될수록 귀하고 맛있어지지만 된장은 시간이 갈수록 딱딱해지므로 너무 오래 두고 드시지 마십시오. 된장국이나 찌개를 끓일 때도 된장으로만 간을 맞추기보다 집간장이나 소금을 섞어 쓰면 맛이 좋습니다.

고추장

고추장은 장아찌, 장떡, 찌개, 초고추장 등을 만들 때 쓰입니다. 대표적인 고추장으로는 보리고추장과 찹쌀고추장이 있으며 직접 담가 드시는 고추장이 가장 맛있습니다. 간단하게 고추장 담그는 방법도 있으니 도전해 보세요. 찌개를 끓일 때 고추장만으로 간을 하면 국물이 텁텁해지므로 소금과 간장을 섞어 쓰면 더 맛있습니다.

기본 다지기

즉석 고추장

재료 고춧가루 2컵, 메줏가루 1컵, 찹쌀가루 1컵, 소금 ½컵, 물 2컵, 매실 효소 1컵, 조청 2컵, 청주 또는 소주

찹쌀가루, 물, 조청을 넣고 끓이다 소금을 넣고 다시 한 번 더 끓여 줍니다. 한 김 나가면 메줏가루와 고춧가루를 넣고 골고루 잘 섞어 매실 효소, 소주나 청주로 농도를 조절합니다.

겨자 소스

재료 연겨자 2큰술, 설탕 2큰술, 식초 2큰술, 소금 1작은술, 양조간장 1작은술, 참기름 1작은술, 레몬즙 1작은술, 꿀 1작은술

처음부터 재료를 같이 섞으면 안 되고 겨자와 설탕을 먼저 섞어서 설탕이 다 녹은 다음, 나머지 재료를 넣습니다.

초고추장

재료 고추장 2, 설탕 1, 식초 1

고추장, 설탕, 식초의 비율은 2:1:1을 바탕으로, 기호에 따라 단맛과 신맛을 조절하세요. 설탕 대신 꿀, 식초 대신 레몬즙 등으로 대체해도 됩니다.

| 간장 양념장 | **재료** 양조간장 3, 집간장 1, 물 1, 참기름 1, 통깨 1, 청고추 1, 홍고추 1 |

양조간장, 집간장, 물, 참기름, 통깨의 비율은 3:1:1:1:1로 하고, 청·홍 고추는 다져서 넣습니다. 나물밥을 비벼 먹을 때나 양념장이 필요한 모든 음식에 쓰입니다. 고추씨는 제거하지 마세요. 고추씨가 들어가야 맛있습니다.

| 채수 | **재료** 물 2L, 마른 표고버섯 3~4개, 다시마 2장(10cm×10cm) |

찬물에 다시마를 먼저 넣고 물이 끓으면 2~3분 후에 다시마는 건지고, 표고버섯을 넣어 중불로 10분간 끓입니다. 기본 채수는 연하게 끓여야 합니다. 모든 음식에 쓰이기 때문에 국물이 진하면 향이 강해져 맛이 없습니다. 연하게 끓인 채수로 밥을 지어도 맛있습니다.

| 맛간장 | **재료** 물 1L, 양조간장 3컵, 마른 표고버섯 3~4개, 다시마 2장(10cm×10cm) |

채수와 같은 방법으로 끓입니다. 이때 간장은 용도에 따라 집간장과 양조간장을 섞어 써도 됩니다. 맛간장이 짜면 채수를 조금 섞고, 싱거우면 간장을 조금 더 넣어 간을 조절합니다.

일러두기

- 계량스푼이 없으면 밥숟가락과 종이컵을 이용하세요.
   1큰술 = 어른 밥숟가락에 수북하게 담은 양
   1작은술 = 어른 밥숟가락에 절반 정도 담은 양
   1컵 = 종이컵에 한가득 담은 양
   대(大) 중(中) 소(小) = 재료의 크기가 작음 / 중간임 / 큼

- 재료에서 소금이나 고춧가루 '약간'은 엄지와 검지로 한 꼬집 정도 집은 양입니다.

- 소금, 후추 등 조미료는 경우에 따라 분량을 따로 표시하지 않았습니다. 기호대로 넣어서 간하면 됩니다.

- 각 음식 재료의 채수 만들기는 특별한 설명이 없으면 19쪽을 참고하세요.

- 가지고 있는 재료에 따라 요리할 수 있게 재료별로 소개하였지만, '김치, 장아찌, 국, 죽, 특별한 음식'은 필요할 때 찾아볼 수 있도록 책 후반부에 따로 실었습니다.

가지

[가지]

가지나물비빔밥

재료

가지 2개
애호박 ½개
당근 50g
청포묵 ½개
밥
소금 약간
식용유 1큰술
참기름

가지나물 양념

양조간장 1큰술
참기름 ½큰술
통깨 ½큰술

양념장

양조간장 2큰술
집간장 1큰술
물 1큰술
깨소금 1큰술
참기름 1큰술
후추 약간

재료 준비

1. 가지는 꼭지 부분을 잘라 내고, 중간중간 껍질을 벗겨 얇게 채 썬 후 김이 오른 찜기에 베보자기를 깔고 무르게 찐다.
2. 애호박은 채 썰어 소금에 살짝 절였다가 물기를 제거하고 프라이팬에 식용유 ½큰술을 두르고 볶는다.
3. 당근은 채 썰어 식용유 ½큰술을 두르고 소금 간하여 볶는다.
4. 청포묵도 채 썰어 살짝 데친 다음 참기름, 소금으로 밑간한다.

요리하기

1. 쪄 낸 가지가 푹 무르면 꺼내어 한 김 식힌 후에 살짝 눌러서 물기를 짜고 분량의 가지나물 양념을 넣어 조물조물 무친다.
2. 분량의 재료를 섞어 양념장을 만든다.
3. 그릇에 밥을 담고 준비한 고명과 가지나물을 색스럽게 담아 양념장을 곁들여 낸다.

Tip   가지나물비빔밥은 가지를 넉넉히 넣어야 맛있습니다.

[가지]

가지냉채

재료

가지 1개
청·홍 고추 각 ½개
표고버섯 2개
당근 20g

소스 양념

물 2컵
양조간장 3큰술
집간장 1큰술
매실 효소 3~5큰술
참기름 1큰술
통깨 1큰술

요리하기

1. 가지는 5~6cm 길이로 자르고 다시 반을 갈라서 찜기에 무르게 찐 다음 체에 밭쳐 식힌다.
2. 분량의 소스는 미리 만들어 냉장고에 넣어 차게 식힌다.
3. 청·홍 고추, 표고버섯, 당근은 곱게 채 썬다.
4. 채 썬 표고버섯과 당근은 살짝 볶는다.
5. 가지의 가운데에 칼집을 조금 넣고 두드려 먹기 좋은 크기로 자른 다음 준비된 고명과 섞어 그릇에 담고 소스를 부어 낸다.

Tip 국물 간을 조금 세게 해서 얼음을 넣어 드시면 더 맛있습니다.

[가지]

가지된장구이

재료
가지 1개
들기름 1큰술

양념장
된장 1큰술
올리고당 1큰술
집간장 ½큰술

요리하기
1. 가지는 양 끝을 조금씩 잘라 내고 3~4등분하여 반으로 가른 뒤 찜기에 무르게 찐다.
2. 분량의 재료를 섞어 양념장을 만들어 놓는다.
3. 쪄 낸 가지는 흰부분에 칼집을 조금 낸 뒤 칼등으로 살살 두드려 넓적하게 편다.
4. 만들어 놓은 양념장을 가지 안쪽에 고르게 펴 바른다.
5. 프라이팬에 들기름을 두르고 양념 바른 쪽부터 넣고 앞뒤로 뒤집어 살짝 굽는다.

Tip 가지구이 양념은 고추장으로 해도 됩니다.

[가지]

가지장아찌

재료
가지 1개
청양고추 1개
홍고추 1개
올리브오일 2~3큰술

절임장
양조간장 2큰술
집간장 1큰술
채수 ½컵
설탕 1큰술
식초 1큰술

요리하기
1. 가지는 크기에 따라 2~3등분하여 다시 길이로 6등분한다.
2. 청양고추와 홍고추는 채 썰거나 동그랗게 쫑쫑 썬다.
3. 분량의 재료를 섞어 절임장을 만들어 둔다.
4. 프라이팬에 올리브오일을 두르고 가지를 돌려 가며 굽는다.
5. 부드럽게 구워진 가지를 용기에 담고 미리 섞어 둔 절임장을 붓고 홍고추와 청양고추도 넣어 골고루 섞는다.

Tip 가지장아찌는 만들고 2시간 후에 드시면 됩니다.

[가지]

가지찜

재료
가지 1개

양념장
청·홍 고추 각 1개
양조간장 2큰술
집간장 1큰술
물 1큰술
참기름 1큰술
깨소금 1큰술
고춧가루 1큰술

재료 준비
1. 가지는 깨끗이 씻어서 두 도막 정도 낸 다음 반으로 가른다.
2. 반으로 가른 가지의 등 쪽에 칼집을 낸다.
3. 청·홍 고추는 다진다.

요리하기
1. 칼집을 낸 가지를 찜통에 찐다.
2. 양념 재료를 섞어 양념장을 만든다.
3. 찐 가지 위에 양념장을 끼얹어 낸다.

Tip   가지는 찜기에 쪄도 되고 프라이팬에 구워도 됩니다.

[가지]

가지찜무침

재료
가지 2개

양념
양조간장 3큰술
고춧가루 1큰술
참기름 1큰술
통깨 1큰술

요리하기

1 가지는 2등분하고 다시 길게 4등분하여 찜기에 무르게 찐다.
2 부드럽게 익은 가지를 한 김 식힌 후 손으로 찢어 분량의 양념으로 조물조물 무친다.

[가지]

가지튀김

재료
가지 2개
감자 전분 2큰술
식용유

양념장
청·홍 고추 각 1개
양조간장 2큰술
집간장 1큰술
물 1큰술
참기름 1큰술
통깨 1큰술
고춧가루 1큰술
올리고당 1큰술
후추 약간

요리하기

1. 가지는 길게 반을 가른 뒤 한입 크기로 잘라서 감자 전분에 버무려 놓는다.
2. 식용유의 온도가 180도 정도 되면 가지를 넣고 가지가 떠오르면 건져 낸다.
3. 청·홍 고추를 다져서 분량의 양념장을 만들어 놓는다.
4. 튀긴 가지를 그릇에 담고 양념장을 끼얹어 낸다.

감자

[감자]

감자간장조림

재료

감자 크기에 따라 2~3개
들기름 2큰술, 참기름 1큰술
검은깨 1큰술

조림장

양조간장 3큰술, 올리고당 2큰술
설탕 1큰술

요리하기

1. 감자는 껍질을 벗겨 한입 크기로 자른 뒤 물에 담가 전분을 뺀다.
2. 궁중팬에 감자를 넣고 들기름을 두르고 감자가 살짝 투명해질 때까지 볶는다.
3. 감자가 투명해지면 분량의 조림장을 넣고 중약불에서 천천히 조리면서 중간중간 뒤집어 준다.
4. 감자가 부드럽게 익으면 불을 끄고 참기름과 검은깨를 넣는다.

[감자]

감자고추장조림

재료

감자 크기에 따라 2~3개
들기름 2큰술, 참기름 약간

조림장

고추장 2큰술, 양조간장 1큰술
올리고당 2큰술, 설탕 1큰술
채수 1큰술

요리하기

1 감자는 껍질을 벗긴 뒤 한입 크기로 썰어서 물에 담가 전분을 뺀다.
2 프라이팬에 들기름을 두르고 감자가 살짝 투명해질 때까지 볶는다.
3 분량의 조림장을 잘 섞어, 볶아 놓은 감자에 넣고 중불에서 천천히 조린다.
4 감자가 부드럽게 익으면 불을 끄고 참기름을 두른다. •통깨를 뿌려도 좋다.

[감자]

감자볶음

재료

감자 크기에 따라 2~3개
청·홍 고추 각 1개씩
당근 20g
식용유 2큰술
소금 약간
후추 약간
물

절임물

소금 1큰술
물(감자가 잠길 만큼)

요리하기

1. 감자는 껍질을 벗겨 채 썬 후 물에 몇 번 헹궈 전분을 뺀다.
2. 채 썬 감자가 잠길 정도의 물을 붓고 소금 1큰술을 넣어 30분 정도 절인다.
3. 청·홍 고추는 반으로 갈라 씨를 빼서 채 썰고 당근도 채 썬다.
4. 절인 감자는 물기를 꼭 짜서 식용유를 두른 프라이팬에 볶는다.
5. 감자가 투명하게 익으면 채 썬 고명을 넣고 다시 한 번 볶아 불을 끄고 후추를 넣는다.
6. 싱거우면 소금으로 간한다.

Tip 감자를 볶을 때 청양고추 등을 넣어서 같이 볶아도 됩니다.

[감자]

감자전

재료

감자 크기에 따라 3~4개
청양고추 1개
홍고추 ½개
당근 조금
소금
식용유

요리하기

1. 감자는 껍질을 벗겨 강판에 갈아 체에 밭친다.
2. 청양고추와 홍고추는 길이로 얇게 썰어 물에 한 번 헹군다.
3. 당근은 얇게 채 썬다.
4. 감자의 물이 어느 정도 빠지면 따로 그릇에 담는다. 이때 감자 간 물은 버리지 말고 전분이 가라앉게 둔다.
5. 가라앉은 전분과 4의 감자, 고추, 당근, 소금 한 꼬집을 섞는다.
6. 프라이팬에 식용유를 넉넉히 두르고 감자전을 부친다.

Tip 불이 너무 약하면 전이 안 부쳐집니다. 식용유를 넉넉히 두르고 중불에서 바삭하게 부치세요. 감자전은 소금을 많이 넣으면 안 됩니다. 감자 자체에 짠 듯한 맛이 있어서 자칫하면 짜게 됩니다.

[감자]

감자옹심이수제비

재료

감자 8개
애호박 50g
소금
집간장
물 7~8컵
마른 표고버섯 3~4개
다시마(10cm×10cm) 2장

재료 준비

1. 감자는 껍질을 깎아 강판에 간다.
2. 강판에 간 감자를 깨끗한 베보자기로 싸서 꼭 짠 후 건더기는 따로 그릇에 담고, 감자 물은 가라앉힌다.
3. 감자 전분이 가라앉으면 윗물을 따라 버리고 전분만 남긴다.
4. 전분과 감자 건더기를 섞어서 소금을 약간 넣고 반죽하여 먹기 좋은 크기로 경단을 만든다.
5. 애호박은 곱게 채 썰어 둔다.

요리하기

1. 물에 표고버섯과 다시마를 넣고 국물이 끓으면 표고버섯과 다시마를 건져 낸다.
2. 집간장으로 색을 내고 소금으로 1차 간을 한다.
3. 경단을 넣고 바닥에 눋지 않도록 중간중간 저어 주면서 익을 때까지 끓인다.
4. 3에 애호박을 넣고 끓이다가 간을 맞추고 경단이 떠오르면 불을 끈다.
5. 채수 낸 다시마와 버섯은 채 썰어 고명으로 쓴다.

Tip 옹심이는 두꺼워 잘 익지 않습니다. 끓이는 중간에 하나를 잘라 확인해 보세요.

[감자]

감자고추장찌개

재료

감자 2개
호박 ⅓개
표고버섯 2개
두부 ½모
채수 7~8컵
설탕 1작은술
고춧가루 1큰술
집간장 약간

양념

고추장 2큰술
된장 1큰술
들기름 1큰술

재료 준비

1 감자는 껍질을 벗긴 후 큼직하게 썰어 물에 담근다.
2 호박은 1cm 두께의 반달 모양으로 두툼하게 썬다.
3 표고버섯은 4등분한다.
4 두부는 1cm 두께로 썰어 놓는다.
5 고추장과 된장에 들기름을 넣고 잘 섞어 양념을 만든다.

요리하기

1 냄비에 채수를 붓고 끓기 시작하면 감자를 넣는다.
2 감자가 적당히 익었을 때 호박과 버섯, 두부를 넣고 섞어 놓은 양념을 넣어 한소끔 끓인다.
3 호박이 익었으면 설탕과 고춧가루를 넣고 싱거우면 집간장으로 간한다.

Tip 취향에 따라 청양고추를 동그란 모양대로 잘라 넣어 드셔도 좋습니다.

[감자]

감자피자

재료

감자(中) 4개
청·홍·노랑 피망 각 ½개
양배추 50g
양송이버섯 3개
피자치즈 취향껏
토마토 소스 취향껏
소금
식용유

재료 준비

1 감자는 껍질을 벗겨 강판에 갈아 체에 밭친다.
2 청·홍·노랑 피망은 토핑용으로 0.5cm 두께로 동그랗게 4조각씩 썰어 놓고 나머지는 채 썰어 놓는다.
3 양배추도 채 썬다.
4 양송이버섯은 모양대로 얇게 썰어 놓는다.

요리하기

1 준비해 놓은 피망, 양배추, 양송이버섯은 소금을 조금 뿌려 식용유를 조금만 두른 프라이팬에 살짝 볶아 물기를 제거한 뒤, 토핑용 재료를 빼고 토마토 소스로 버무린다.
2 갈아 놓은 감자는 소금 간하여 큰 접시 크기로 전을 부쳐 놓는다.
3 감자전을 도우(피자 반죽) 삼아 버무린 재료를 위에 골고루 올린다.
4 재료를 올린 감자전에 피자치즈를 넉넉히 얹은 다음 동그랗게 썰어 놓은 피망과 양송이버섯 토핑으로 모양을 낸다.
5 프라이팬에 감자전을 올리고 뚜껑을 덮어 치즈가 녹을 정도만 익힌다.

Tip 밀가루 도우 대신 감자전을 부쳐서 피자를 만듭니다. 프라이팬에 익히는 대신 전자레인지에 5~6분 정도 치즈가 녹을 정도로 조리해도 됩니다.

[곤약]

곤약조림

재료

곤약묵 1개
소금 1작은술
맛간장 2컵
물엿 3큰술
설탕 1큰술
참기름 1큰술
통깨 1큰술

요리하기

1. 곤약묵은 적당한 크기로 썬 후 칼끝을 세워서 곤약 가운데에 1cm 정도로 칼집을 낸다.
2. 가운데 구멍으로 한쪽 끝을 통과시켜 타래 모양으로 준비한다.
3. 곤약묵은 끓는 물에 소금을 조금 넣고 한 번 데친다.
4. 데친 곤약은 물에 한 번 헹궈 팬에 넣고 맛간장, 물엿, 설탕을 넣고 중불에서 천천히 오래 조린다.
5. 다 조려졌으면 불을 끄고 참기름과 통깨를 넣는다.

Tip 곤약묵은 탱글한 식감이 좋은 식품이죠. 다이어트 식품으로도 알려져 있습니다. 곤약 특유의 냄새는 소금물에 데쳐 조리하면 없어집니다. 맛간장 만드는 법은 19p를 참고하세요.

[견과류]

생땅콩찹쌀구이 (호떡)

재료

생땅콩 100g
젖은(습식) 찹쌀가루 3컵
물
식용유
꿀 조금

요리하기

1. 땅콩은 끓는 물에 삶아 껍질을 벗긴 다음 거칠게 다져 놓는다.
2. 찹쌀가루에 다진 땅콩을 넣고 물을 조금 부어 되직하게 반죽해 놓는다.
3. 찹쌀 반죽을 동그랗게 만들어 달구어진 프라이팬에 식용유를 넉넉히 두르고 바삭하게 굽는다. • 접시 바닥에 설탕을 조금 뿌려 찹쌀구이를 놓고 위에도 꿀을 뿌려 내면 달콤하게 즐길 수 있다.

Tip 독특한 찹쌀호떡입니다. 땅콩이 씹히는 식감을 살려야 맛이 좋습니다. 바삭하게 구워야 맛있습니다. 불이 너무 약하면 바삭해지지 않으니 불 조절이 중요합니다. 젖은 찹쌀가루는 방앗간이나 떡집에서 사시면 됩니다. 살 때 소금을 넣었는지 확인하셔야 합니다.

[견과류]

땅콩조림

재료
생땅콩 500g
식용유 1큰술

양념
맛간장 2컵
올리고당 5큰술
참기름 1큰술
통깨 1큰술
검은깨 약간

요리하기
1. 끓는 물에 땅콩과 식용유를 넣고 2~3분간 삶는다.
2. 다 삶아진 땅콩은 물에 헹군 다음 조림 프라이팬에 맛간장, 올리고당을 넣고 간장이 거의 없어질 때까지 조린다. • 천천히 오래도록 조려야 제맛이 난다.
3. 조림이 완성되면 참기름과 깨를 넣고 살살 버무려 낸다.

Tip 생땅콩은 한 번 삶아 내야 떫은맛과 비린 맛이 빠집니다. 삶을 때 땅콩 껍질이 벗겨지는 것을 막기 위해 식용유를 넣어 줍니다.

[견과류]

견과류조림

재료
호두 1컵
호박씨 ½컵
해바라기씨 ½컵
참기름 1큰술

조림장
양조간장 3큰술
올리고당 2큰술
물 ½컵

요리하기

1. 호두, 호박씨, 해바라기씨는 끓는 물에 한 번 넣었다가 체에 받쳐 흐르는 물에 헹궈 물기를 뺀다.
2. 호두는 먹기 좋은 크기로 자른 후 나머지 견과류와 프라이팬에 볶아 수분을 날린다.
3. 분량의 조림장을 프라이팬에 올려 약한 불에서 천천히 조린다.
4. 조림장이 걸죽해지면 볶아 놓은 견과류를 넣고 골고루 섞는다.
5. 불을 끄고 참기름을 넣어 마무리한다.

Tip 모든 견과류는 끓는 물에 한 번 헹궈서 드세요. 유통과정 중에 생기는 먼지나 불순물을 제거하기 위함입니다. 헹군 다음 다시 한 번 프라이팬에 볶으면 견과류가 훨씬 고소해집니다.

[견과류]

견과류된장찌개

재료

견과류 ½컵
애호박 ¼개
마른 표고버섯 1개
두부 ½모
청양고추 2개
된장 2~3큰술
들기름 2큰술
채수 ½컵
꿀 1큰술

재료 준비

1. 견과류는 뜨거운 물에 한 번 데쳐서 거칠게 다진다.
2. 애호박은 사방 0.5cm 크기로 깍둑썰기 한다.
3. 표고버섯은 미지근한 물에 불린 다음 호박과 같은 크기로 썬다.
4. 두부는 으깨어서 준비하고 청양고추는 잘게 다진다.

요리하기

1. 냄비에 된장과 들기름을 넣고 타지 않게 볶는다.
2. 된장이 들기름과 잘 섞이면 호박, 버섯을 넣고 채수를 부어 끓인다.
3. 호박이 익으면 으깬 두부를 넣어 농도 조절을 하고, 청양고추와 견과류를 넣는다.
4. 마지막에 꿀을 넣어 마무리한다.

Tip 으깬 두부로 농도 조절을 하면 찌개로도 먹을 수 있고 쌈장으로도 먹을 수 있습니다.

[김]

김장아찌

재료
김 20장
다진 잣 ½컵

양념장
맛간장 2컵
고춧가루 1큰술
통깨 2큰술
물엿 3큰술
참기름 3큰술

요리하기

1 김은 프라이팬에 살짝 구워서 4cm×4cm(16조각)로 잘라 놓는다. • 약한 불에 프라이팬을 올리고 김을 여러 장 겹쳐서 앞뒤로 살짝살짝 구워 바깥 쪽 김부터 빼 놓는다.
2 잣은 아주 곱게 다진다.
3 맛간장에 다진 잣과 양념을 넣어 양념장을 만든다.
4 잘라 놓은 김을 2장씩 잡아 양념장 속에 담뿍 적셔서 용기에 차곡차곡 재어 놓고 남은 양념장은 용기에 붓는다.
5 두어 시간 뒤 다른 용기에 뒤집어 옮겨 둔다. 서너 번 뒤집어야 한다.

Tip 맛간장(19p 참고)은 각자 입맛에 맞게 간을 조절하면 됩니다. 김장아찌는 반찬이니 조금 짜게 만들어도 됩니다.

[김]

김무침

재료
김 10장

양념
양조간장 2큰술
물 3큰술
올리고당 2큰술
참기름 1큰술
통깨 1큰술

요리하기
1 김은 달군 프라이팬에 바삭하게 구운 후 비닐에 넣어 잘게 부순다.
2 김을 무칠 그릇에 분량의 양념을 넣어 골고루 섞는다.
3 양념에 부순 김을 넣고 부드러워질 때까지 조물조물 무친다.

Tip   너무 질기면 물과 간장을 추가해도 됩니다.

[깻잎]

깻잎김치

재료
깻잎 30장

양념장
청양고추 1개
청·홍 고추 각 1개
양조간장 4큰술
집간장 1큰술
물 ½컵
고춧가루 3큰술
올리고당 2큰술
통깨 2큰술

요리하기
1. 깻잎은 흐르는 물에 깨끗이 씻어서 가지런히 챙겨 놓는다.
2. 청양고추, 청·홍 고추는 다져서 준비한다.
3. 분량의 양념장을 만들어 다진 고추와 섞는다.
4. 물기를 뺀 깻잎은 꼭지를 1cm 정도만 남기고 자른다.
5. 한 잎씩 양념을 발라서 용기에 담는다.
6. 양념 바른 깻잎은 위아래를 뒤집은 후 반나절 냉장고에 두었다 먹으면 된다.

Tip 깻잎 향을 좋아하지 않는 분은 깻잎김치를 살짝 쪄서 깻잎양념찜으로 드시면 좋습니다. 깻잎양념찜은 냄비에 깻잎김치를 담고 물을 아주 조금만 부어 3~4분 정도 한 김 올리면 됩니다.

[깻잎]

깻잎간장장아찌

재료

깻잎 20장
홍고추 ½개
청양고추 ½개
밤 2개
소금
맛간장 ½컵

재료 준비

1 깻잎은 흐르는 물에 깨끗이 씻어서 가지런히 챙겨 놓는다.
2 고추는 반을 갈라 씨를 빼고 곱게 채 썬다.
3 밤도 곱게 채 쳐 놓는다.

요리하기

1 끓는 물에 소금을 조금 넣고 깻잎을 1장씩 넣어 살짝 데친다. • 자주색이 완전히 없어지고 진한 초록색이 될 때 건져 낸다. 이렇게 살짝 데치면 맛과 질감이 부드럽고 색깔이 곱다.
2 데친 깻잎을 2장씩 놓고 준비해 놓은 고추, 밤을 골고루 얹고 맛간장을 1큰술씩 넣어 켜켜이 재어 담는다.

Tip 깻잎을 덜 데치면 빛깔이 덜하므로, 진한 초록색이 되도록 데칩니다. 너무 지나치게 데치지 않게 주의하세요.

[깻잎]

깻잎된장장아찌

재료

깻잎 30장
된장 1~2큰술
매실 효소 1큰술

요리하기

1. 깻잎은 흐르는 물에 1장씩 깨끗이 씻어 체에 밭쳐 물기를 뺀다.
2. 된장과 매실 효소를 섞어 깻잎에 1장씩 발라 차곡차곡 용기에 담아 다음 날 먹는다.

Tip 시간 날 때 넉넉히 만들어서 냉장 보관하면 두고 먹을 수 있는 장아찌입니다. 오래 두고 먹으려면 간을 조금 세게 해야 합니다. 너무 짜면 먹을 때 물에 한 번 헹궈서 살짝 쪄 먹어도 맛있습니다.

[꽈리고추]

꽈리고추조림

재료
꽈리고추 300g
참기름 1큰술
통깨 1큰술

양념
맛간장 1컵 반
올리고당 3큰술

요리하기
1. 꽈리고추는 깨끗이 씻어 작은 것은 칼집을 내고 큰 것은 반으로 자른다.
2. 프라이팬에 양념과 꽈리고추를 넣고 천천히 조린다.
3. 꽈리고추가 쪼글쪼글해지면 불을 끄고 참기름과 통깨를 넣는다.

[꽈리고추]

꽈리고추양송이버섯조림

재료
꽈리고추 1줌
양송이버섯(小) 300g
식용유 약간
소금 약간

양념
맛간장 1컵
물엿 3큰술
참기름 1큰술
통깨 1큰술

요리하기

1. 꽈리고추는 깨끗이 씻어 큰 것은 적당한 크기로 잘라 준비한다.
2. 양송이버섯은 끓는 물에 소금을 조금 넣고 살짝 데쳐 이물질을 제거한다.
3. 식용유를 약간 두른 프라이팬에 꽈리고추를 소금 간하여 빠르게 새파랗게 볶아 낸다.
4. 프라이팬에 양송이버섯과 맛간장, 물엿을 넣고 크기가 반 정도로 줄어들 때까지 중불에 천천히 조린다.
5. 따로 조린 꽈리고추와 양송이버섯을 섞고 참기름과 통깨를 넣어 버무린다.

Tip   양송이버섯은 속까지 간이 배도록 조려야 맛있습니다. 간은 양조간장으로 하면 됩니다.

[꽈리고추]

꽈리고추찜

재료
꽈리고추 200g
밀가루 5큰술

양념
양조간장 3큰술
집간장 1큰술
참기름 1큰술
고춧가루 1큰술
통깨 1큰술

요리하기
1. 꽈리고추는 깨끗이 씻어 큰 것은 반으로 잘라 용기에 담는다.
2. 1의 용기에 밀가루를 넣고 골고루 묻도록 섞어 준다.
3. 찜기에 베보자기를 깔고 밀가루 묻힌 꽈리고추를 올려 부드럽게 찐다.
4. 꽈리고추가 쪼그라들면 그릇에 담아 분량의 양념이 잘 배어들게 무친다.

Tip 꽈리고추찜은 밀가루를 묻혀서 찌므로, 다른 음식보다 간장이 조금 더 들어가야 맛있습니다.

[꽈리고추]

꽈리고추튀김무침

재료
꽈리고추 200g
밀가루(박력분) 1½컵
식용유

양념
양조간장 2큰술
집간장 1큰술
올리고당 1큰술
참기름 1큰술
통깨 1큰술
고춧가루 약간(없어도 됨)

요리하기

1. 꽈리고추는 꼭지를 따고 깨끗이 씻어 물기를 제거한다.
2. 꽈리고추에 밀가루를 입히고 남은 밀가루는 되직하게 반죽한다.
3. 밀가루 입힌 꽈리고추를 반죽에 넣어 골고루 섞은 뒤 180도 되는 식용유에 살짝 튀긴다.
4. 분량의 양념장으로 버무린다.

Tip 꽈리고추를 찌지 않고 튀기면 식감이 아삭아삭해서 색다른 별미로 즐길 수 있습니다.

[단호박]

단호박견과찜

재료

단호박 ½개
은행 10개
대추 5개
호두 5개
잣 1큰술
식용유
꿀 2큰술
계핏가루 약간

재료 준비

1. 깨끗이 씻은 단호박은 껍질째 반으로 잘라 숟가락으로 씨를 파낸 후 김이 오른 찜기에 베보자기를 깔고 약 7분간 찐다. 너무 푹 익지 않도록 조심한다.
2. 은행은 식용유를 조금 두른 프라이팬에 볶아 껍질을 벗긴다.
3. 대추는 씨를 뺀 다음 잣 크기로 썬다.
4. 호두도 잣 크기로 잘라 준비한다.

요리하기

1. 팬에 은행, 호두, 잣, 꿀을 넣어 조리다가 계핏가루와 대추를 넣고 뒤적거려 조린 다음 불을 끈다.
2. 쪄 낸 단호박을 식혀 한입 크기로 썰고 조린 견과를 얹는다.

Tip 단호박은 계절에 따라 품종이 다릅니다. 여름에는 밤단호박으로 만들면 맛있습니다. 크기에 따라 익는 속도가 다를 수도 있으니 부드러운 것을 좋아하는 분은 전자레인지에 한 번 돌려서 익혀도 됩니다.

[단호박]

단호박밥

재료

단호박 1개
찹쌀 1컵
멥쌀 3큰술
소금 1작은술

재료 준비

1 단호박은 뚜껑을 자른 후 씨와 속을 파낸다.
2 찹쌀과 멥쌀은 씻어 1시간 정도 불린다.
3 불린 쌀에 소금 간을 한 뒤 찰밥을 짓는다.

요리하기

1 속을 파낸 호박에 찰밥을 꼭꼭 넣고 김이 오른 찜기에 15분 이상 찐다. 젓가락으로 찔러서 들어갈 정도로 찌면 된다.
2 단호박밥은 4등분으로 잘라 먹는다.

Tip 찹쌀과 멥쌀을 7:3의 비율로 섞으면 알맞습니다. 찹쌀로만 하면 너무 찰져서 오히려 먹기 나쁩니다. 잡곡 2큰술을 추가해도 됩니다.

[단호박]

단호박두부소스찜

재료
단호박 ½개

소스
두부 ½모
두유 ½컵
소금 약간
유자청 3큰술
참깻가루 2큰술

요리하기
1 단호박은 속을 파내고 깨끗이 씻어 반으로 잘라 찜기에 무르게 찐다.
2 두부는 끓는 물에 한 번 데친다.
3 소스 재료를 전부 믹서에 넣고 곱게 간다.
4 단호박을 먹기 좋은 크기로 잘라 소스를 넉넉히 부려 낸다.

Tip 두부 소스는 브로콜리나 연근 등 다양한 재료에 활용해도 맛있습니다.

[단호박]

단호박피자

재료

단호박 ½개
감자 2개
고구마 2개
건포도 30g
황·홍 파프리카 각 ¼개
양송이버섯 2개
피자치즈
소금

요리하기

1. 단호박, 감자, 고구마는 껍질을 벗겨 적당한 크기로 잘라 무르게 쪄 낸다.
2. 1을 뜨거울 때 으깨어서 소금으로 간한 다음, 건포도를 넣고 고루 치대어 반죽한다.
3. 2의 반죽을 동글납작하게 만들어 준비한다.
4. 파프리카는 채 썰고, 양송이버섯은 모양대로 썬다.
5. 3의 반죽 위에 4를 얹고 피자치즈를 듬뿍 뿌린다.
6. 전자레인지에서 6~7분, 치즈가 녹을 정도로만 익혀 낸다.

Tip 찐 단호박을 도우 삼아 만들어 먹는 피자입니다. 어른도 아이도 좋아하는 음식입니다.

[더덕]

더덕잣샐러드

재료
더덕 4개
어린잎 채소 1줌
흑임자 약간

잣 소스
다진 잣 ½컵
참기름 2큰술
물
소금

잣 소스 만들기
1 곱게 다진 잣을 볼에 넣고 참기름을 조금씩 넣으면서 한 방향으로 젓는다.
2 잣이 엉기면 물을 조금씩 부으면서 풀어 준다.
3 하얀 잣 소스가 완성되면 소금으로 간을 맞춘다.

요리하기
1 더덕은 껍질을 벗기고 두들겨 잘게 찢는다.
2 어린잎 채소는 깨끗하게 씻어 물기를 제거한다.
3 더덕을 잣 소스에 버무린다.
4 접시에 어린잎 채소를 깔고 더덕을 가운데 올린다.

Tip 잣은 곱게 다져야 합니다. 믹서에 갈면 안 됩니다. 치즈 가는 도구를 사용하면 쉽게 다질 수 있습니다. 잣 소스는 농도에 따라 다양하게 활용할 수 있습니다. 농도를 묽게 하여 샐러드 소스로 쓰고, 되직하게 하여 나물을 무쳐도 맛있습니다. 농도 조절은 물로 합니다.

[더덕]

더덕구이

재료
더덕 200g
소금

유장
참기름 1큰술
양조간장 1큰술
채수 1큰술

고추장 양념장
고추장 2큰술
양조간장 1큰술
물엿 1큰술
참기름 1큰술
통깨 1큰술
설탕 1작은술
채수 1큰술

요리하기
1 더덕은 껍질을 벗겨 소금물에 30분 정도 담근다.
2 소금에 절인 더덕은 길게 반을 갈라 방망이로 얇게 밀어 편 후 유장을 발라 프라이팬에 초벌구이를 한다.
3 초벌구이한 더덕에 고추장 양념장을 발라 가면서 구워 접시에 담아 낸다.

Tip   더덕은 초벌구이를 해야 질기지 않습니다.

[더덕]

더덕찹쌀구이

재료

더덕 6개
젖은(습식) 찹쌀가루 ½컵
식용유 약간
들기름 약간

잣 소스

잣 4큰술
사과 ¼개
소금 1작은술

요리하기

1. 더덕은 껍질을 벗겨 2등분한 뒤 방망이로 살살 두드려 넓적하게 편다.
2. 사과는 껍질을 벗기고 잘게 썰어서 잣, 소금과 같이 믹서에 넣고 곱게 갈아 소스를 만든다.
3. 더덕은 포개어 가며 숟가락으로 잣 소스를 골고루 발라 10분간 잰다.
4. 3의 더덕에 찹쌀가루를 뿌린 후 앞뒤로 뒤집어 가며 골고루 묻힌다.
5. 달군 프라이팬에 식용유와 들기름을 두르고 더덕을 올려 약한 불에서 타지 않게 굽는다.

Tip 더덕과 잣은 궁합이 잘 맞습니다. 매운 것을 좋아하는 분은 청양고추를 다져서 올려 먹어도 됩니다.

[도라지]

도라지간장조림

재료

통도라지 400g
소금 1큰술
물
참기름 1큰술
통깨 1큰술

조림 양념

맛간장 1컵
올리고당 4큰술
설탕 1큰술

요리하기

1. 통도라지는 껍질을 벗기고 5~6cm 길이로 잘라 굵은 소금으로 치댄다(굵은 것은 반으로 가른다).
2. 냄비에 물을 올려 끓으면 소금 1큰술을 넣고 도라지를 넣어 데친다.
3. 데친 도라지를 조림 프라이팬에 넣고 준비된 조림 양념을 넣어 부드러워질 때까지 조린다.
4. 불을 끄고 참기름, 통깨를 넣는다.

Tip 간장 양념이 다 없어질 때까지 바짝 조려야 합니다.

[도라지]

도라지고추장구이

재료

통도라지 300g
소금
물
식용유

고추장 양념

고추장 3큰술
양조간장 2큰술
올리고당 4큰술
참기름 1큰술
통깨 1큰술
고춧가루 2큰술

요리하기

1. 통도라지는 길게 반으로 갈라 물과 소금 10:1 비율의 소금물에 30분간 담근다.
2. 분량의 재료를 섞어 고추장 양념을 만든다.
3. 쓴맛이 빠진 도라지는 방망이로 납작하게 두들겨서 고추장 양념을 켜켜이 바른다.
4. 식용유를 두른 프라이팬에 양념한 도라지를 굽는다.
5. 먹기 좋은 크기로 잘라서 낸다.

Tip 도라지는 충분히 구워 주세요. 그래야 아삭하고 맛있습니다.

[도라지]

도라지오이무침

재료
도라지 150g
오이 ½개

도라지 절이기
소금 1큰술

오이 절이기
소금·식초·설탕
각 1작은술

양념
고추장 2큰술
고춧가루 2큰술
식초 2큰술
매실 효소 1큰술
설탕 1큰술
통깨 1큰술

요리하기

1. 도라지는 너무 굵은 것은 반으로 가르고 먹기 좋은 길이로 잘라 소금을 넣고 15분 정도 절인다.
2. 오이는 1cm 두께로 어슷썰어 씨 부분을 제거하고 소금, 식초, 설탕을 넣고 10분 정도 절인다.
3. 절인 오이와 도라지는 씻지 않고 배보자기에 싸서 물기를 꼭 짠다.
4. 물기를 제거한 도라지와 오이를 분량의 양념으로 무친다.

[도토리묵]

도토리묵구이

재료
도토리묵 1모
숙주나물 1줌
미나리 50g
당근 20g
젖은(습식) 쌀가루 ½컵

부재료
식용유
소금
참기름
통깨

양념장
양조간장 1큰술
참기름 1큰술
통깨 1큰술
물엿 1큰술

요리하기

1. 도토리묵은 가로로 반을 자른 후 1cm 두께로 잘라 쌀가루를 묻혀 식용유를 두른 프라이팬에 굽는다.
2. 숙주나물은 꼬리를 따고 씻어서 물기를 빼고, 미나리는 4cm 길이로 자른다.
3. 당근은 미나리와 같은 길이로 곱게 채 썬다.
4. 구운 도토리묵에 양념장을 발라 놓는다.
5. 숙주와 미나리, 당근은 끓는 물에 소금을 조금 넣고 데쳐서 참기름, 통깨, 소금으로 밑간한다.
6. 접시에 도토리묵을 보기 좋게 담고 그 위에 나물을 얹어 낸다.

Tip 먹고 남은 도토리묵을 냉장고에 넣어 두면 딱딱해지죠. 그럴 때 이렇게 구우면 부드러워집니다.

[도토리묵]

도토리묵무침

재료

도토리묵 1팩(400g)
곁들임 채소 약간
(상추, 치커리, 쑥갓, 오이,
당근, 어린잎 등)

양념장

양조간장 1큰술
집간장 1큰술
고춧가루 1큰술
매실 효소 1큰술
통깨 1큰술
설탕 1작은술
참기름 1큰술

요리하기

1 도토리묵은 먹기 좋은 크기로 썰어 끓는 물에 데친 뒤 찬물에 헹군다.
2 준비된 채소는 먹기 좋은 크기로 잘라 준비한다.
3 분량의 양념장을 만들어 놓는다.
4 양념장의 반으로 채소부터 무친 후에 묵을 넣고 나머지 양념장으로 살살 버무린다.

[도토리묵]

도토리묵밥

재료
도토리묵 1모
포기김치 150g
오이 ⅓개
김가루 약간
참기름 약간
깨소금 약간

김치 무침 양념
참기름 1작은술
설탕 1작은술

묵밥 국물
채수 3컵(건표고버섯 3~4개,
건다시마 10cm×10cm 3장,
말린 무 100g, 말린 참죽 2~3개)
집간장 1큰술
통후추 ½작은술
소금 약간

요리하기
1. 도토리묵은 먹기 좋은 크기로 채 썰어 끓는 물에 데친다.
2. 김치는 속을 털어 내고 길이로 채 썬 후 참기름, 깨소금을 넣고 무친다.
3. 분량의 재료를 끓여서 묵밥 국물을 만든다.
4. 오이는 채 썬다.
5. 그릇에 도토리묵을 담고 그 위에 김치, 오이, 김가루를 올리고 국물을 부은 다음 참기름, 깨소금을 올린다.

Tip 따뜻한 국물을 즐기려면 데워서 드시면 됩니다.

두부

[두부]

두부과자

재료
두부 ½모
밀가루 1컵
소금 1작은술
설탕 2큰술
검은깨 2큰술

요리하기
1. 두부는 으깨어 물기를 제거한다.
2. 밀가루에 소금, 설탕, 두부를 섞고 검은깨를 넣어 반죽한다. • 오래 치대야 한다.
3. 15분 정도 비닐에 넣어 두었다가 얇게 밀어서 먹기 좋은 크기로 썰어 타래 모양으로 만든 후 2번 튀긴다.

Tip 두부가 조금 더 들어가도 되고 단맛은 조절하시면 됩니다. 첫 번째 튀길 때는 두부가 떠오르면 건지고, 두 번째에는 두부가 노릇노릇해질 때까지 튀기면 됩니다.

[두부]

두부조림

재료

부침용 두부 350g
홍고추 1개
마른 표고버섯 1~2개
집간장 1큰술
올리브유
들기름

양념장

표고버섯 우린 물 1컵
고춧가루 2큰술
양조간장 3큰술
집간장 1큰술
올리고당 2큰술
통깨 1큰술

요리하기

1. 두부는 1cm 두께로 썬 다음 집간장을 뿌려 10~15분간 재어 둔다.
2. 고추는 다진다.
3. 표고버섯은 미지근한 물에 담가 불린다.
4. 재어 둔 두부는 올리브유와 들기름을 섞은 기름에 노릇하게 부친다.
5. 분량의 양념 재료에 다진 고추와 불린 표고버섯을 곱게 채 썰어 섞어서 양념장을 만든다.
6. 넓은 프라이팬에 두부를 한 켜 깔고 양념장을 올리고 다시 한 켜 깔고 양념장을 올려 중불에서 천천히 조린다.
7. 양념장을 남겨 놓았다 중간중간 끼얹어 가며 잘박하게 조린다.

Tip 마른 표고버섯을 불릴 때는 여러 번 물에 헹궈 불려야 합니다. 그래야 불린 물을 활용할 수 있습니다.

[두부]

두부소박이

재료
두부(大) 1모
마른 표고버섯 2개
느타리버섯 10g
고사리 10g
다진 청·홍 피망 각 2큰술
당근 10g
소금
식용유

소 양념
소금 1작은술
참기름 1큰술
후추 약간

표고버섯 밑간 양념
집간장 조금
참기름 1작은술

양념장
청양고추 1개
양조간장 2큰술
집간장 1큰술
채수 1큰술
참기름 1큰술
통깨 1큰술

요리하기
1. 두부는 1.5cm 두께로 썰어 소금을 살짝 뿌리고 키친타월에 얹어 물기를 제거한다. 두부 한 조각은 남겼다가 으깨어서 물기를 꼭 짠다.
2. 표고버섯은 미지근한 물에 불린 후 밑동을 잘라 내고 잘게 다져서 밑간해 놓는다.
3. 느타리버섯은 데쳐서 다진다.
4. 고사리도 살짝 데쳐서 다지고 청·홍 피망, 당근도 다진다.
5. 으깬 두부는 살짝 볶는다.
6. 각각의 재료를 식용유를 조금 두른 프라이팬에 소금으로 간하여 볶는다.
7. 물기를 제거한 두부는 프라이팬에 식용유를 넉넉히 두르고 노릇하게 지진다.
8. 두부가 식을 동안 5의 두부와 6의 볶아 놓은 재료, 준비된 양념을 섞어 소를 만든다. 두부가 식으면 한쪽 모서리에 칼집을 넣어 준비된 소로 속을 채운다.
9. 먹기 좋은 크기로 잘라 양념장을 곁들여 낸다.

[두부]

두부고추장강정

재료
두부 1모
다진 청·홍·황 파프리카
각 2큰술
소금
밀가루 ½컵
식용유

강정 양념
고추장 2큰술
양조간장 1큰술
채수 ½컵
올리고당 4큰술

요리하기

1. 두부는 물에 씻어 주사위 모양으로 썰어 소금을 뿌려 둔다.
2. 파프리카는 콩알만 한 크기로 다져서 준비한다.
3. 두부에 간이 어느 정도 배면 물기를 제거하고 밀가루를 묻혀 바로 식용유에 튀겨 건져 둔다.
4. 프라이팬에 분량의 강정 양념을 넣고 약한 불에 올려 천천히 조린다. 양념의 양이 ⅓로 줄면 불을 끈다.
5. 양념에 튀겨 놓은 두부를 넣고 버무린다.
6. 마지막으로 다진 파프리카를 넣고 골고루 섞는다.

Tip 밀가루를 너무 많이 묻히지 마세요. 튀기기 어렵습니다. 튀김이 어려우면 프라이팬에 식용유를 넉넉히 두르고 굴리면서 구워도 됩니다.

[두부]

두부잡채

재료

두부 1모
마른 표고버섯 3개
애호박 ½개
황·홍 파프리카 각 ¼개
느타리버섯 1줌
소금
집간장 1작은술
참기름 1작은술
후추 약간
식용유

양념

참기름 1큰술
양조간장 1큰술
통깨 1큰술
후추 약간

재료 준비

1. 두부는 0.3cm 두께로 얇게 썰어 소금을 살짝 뿌려 두었다가 물기를 제거한다.
2. 표고버섯은 미지근한 물에 불린 후 가늘게 채 썰어 집간장 1작은술, 참기름 1작은술, 후추로 밑간한다.
3. 애호박은 돌려깎기 하여 채 썬 후 소금 간하여 살짝 절인다.
4. 파프리카도 채 썰어 둔다.
5. 느타리버섯은 데쳐서 찢는다.

요리하기

1. 두부는 식용유를 넉넉히 두른 프라이팬에 바삭하게 구워 식힌다.
2. 참기름과 식용유를 섞어 두른 프라이팬에 애호박, 표고버섯, 느타리버섯을 각각 볶는다.
3. 파프리카는 달궈진 프라이팬에 기름 없이 소금으로 간하여 살짝 볶는다.
4. 두부가 식었으면 0.3cm 크기로 가늘게 채 썬다.
5. 큰 그릇에 모든 재료를 담아 참기름과 후추, 통깨를 넣고 가볍게 버무린다. 싱거우면 간장을 추가한다.

Tip 두부가 당면의 역할을 하기 때문에 얇게 썰어서 구워야 합니다. 흰 부분이 남지 않을 정도로 노릇하게 바싹 구워야 부서지지 않습니다.

[두부]

두부채소볶음밥

재료

밥 2공기
두부 1모
마른 표고버섯 2개
당근 50g
감자 1개
황·홍 파프리카 각 ¼개
오이 ⅓개
애호박 ⅓개
양조간장 1작은술
식용유 약간
소금

양념장

양조간장 3큰술
집간장 1큰술
채수 1큰술
청·홍 고추 각 1개
통깨 2큰술
참기름 2큰술

재료 준비

1. 두부는 으깨어 베보자기에 싸서 꼭 짠 후 프라이팬에 펴서 간장을 넣고 물기가 없어질 때까지 노릇하게 볶는다.
2. 미지근한 물에 불려 둔 표고버섯, 당근, 감자, 파프리카, 오이, 애호박은 작은 주사위 모양으로 썬다.

요리하기

1. 식용유를 살짝 두른 프라이팬에 색이 푸르고 연한 채소부터 소금 간하여 각각 따로 볶는다. •감자는 약한 불에서 오래 볶아야 한다.
2. 팬에 감자와 표고버섯, 밥을 넣고 볶다가 나머지 채소와 두부를 넣고 섞는다.
3. 청·홍 고추를 다져 양념장을 만들어 밥과 함께 낸다.

Tip   두부를 볶아 만들기 때문에 맛이 고소합니다. 들어가는 재료는 취향에 따라 얼마든지 바꾸어도 됩니다.

[두부]

두부스테이크

재료

두부 1모
마른 표고버섯 3개
청·홍·황 파프리카 각 ½개
빵가루 3~4큰술
참기름 ½큰술
소금, 후추 약간
식용유
버터 1작은술
물엿
소금

곁들일 채소

시금치 1줌
당근 20g
감자 1개

스테이크 소스

우스터소스 3큰술
토마토(小) 1개
양송이버섯 2개
우유 3큰술
설탕 1큰술
양조간장 2큰술
다진 파프리카 각 1큰술
전분 물 1큰술

재료 준비

1 두부는 으깬 다음 베보자기로 싸서 물기를 꼭 짠다.
2 미지근한 물에 불린 표고버섯은 곱게 다져 참기름, 소금으로 밑간하고 살짝 볶는다.
3 파프리카도 다진다.

스테이크 소스 만들기

1 토마토는 다지고, 양송이버섯은 모양대로 썬다.
2 재료를 전부 넣어 끓이다가 마지막에 전분 물을 넣어 걸죽하게 만든다.

요리하기

1 큼직한 볼에 준비한 재료를 모두 넣고 치대다가 마지막에 소금과 후추로 간을 맞추고 동글 넓적한 모양으로 빚는다.
2 팬에 식용유를 두르고 1의 두부를 올려 뒤집어 가며 노릇노릇하게 익힌다.
3 시금치는 데쳐서 프라이팬에 버터를 넣고 소금 간하여 볶는다. 당근은 물엿과 소금을 넣어 달콤하게 조린다. 감자는 막대썰기 하여 튀긴다.
4 채소와 소스를 곁들여 낸다.

Tip 두부의 물기는 완전히 제거해야 합니다. 물기를 덜 짜면 질어서 모양을 만들기 어렵습니다. 질면 빵가루를 넣어서 조절하면 됩니다.

[두부]

두부김밥

재료 (8줄 기준)
두부 2모
김 8장
시금치 1단
우엉 1줄
당근 ½개
오이 1개
단무지 8개
밥
참기름
소금
통깨

우엉 조림장
맛간장 ½컵
올리고당 2큰술
식용유 1큰술

두부 조림장
맛간장 1컵
올리고당 3큰술

재료 준비
1. 두부는 사방 2cm 굵기로 김 길이대로 길게 썬 후 소금을 조금 뿌려서 물기를 뺀다. • 두부 2모를 8조각이 나오게 자른다.
2. 김은 살짝 구워 비린내를 제거한다.
3. 시금치는 끓는 물에 소금을 조금 넣고 데쳐서 참기름, 소금, 통깨로 무쳐 놓는다.
4. 우엉은 껍질을 벗기고 길게 채 썰어 물에 한 번 헹궈 식용유를 두른 프라이팬에 볶다가 맛간장 ½컵과 올리고당 2큰술을 넣어 조린다.
5. 당근은 굵고 길게 썰어 끓는 물에 소금을 조금 넣고 데친다.
6. 오이는 굵고 길게 썰어 씨 부분을 도려내고 소금에 살짝 절인 후 물기를 꼭 짜서 준비한다.
7. 단무지도 물기를 빼서 준비한다.

요리하기
1. 두부는 키친타월로 물기를 제거하고 식용유에 노릇노릇하게 튀긴다.
2. 맛간장 1컵에 올리고당 3큰술을 넣고 끓여서 반으로 졸면 튀긴 두부를 넣고 돌려 가며 천천히 조린다.
3. 밥에 참기름, 통깨를 넣고 고루 섞는다.
4. 두부가 식으면 김 위에 밥을 얇게 펴고 두부를 가운데 두고 각각의 재료를 넣고 싼다.

Tip 두부를 조릴 때는 두부 겉면에만 간장 맛이 배도록 합니다. 두부김밥은 두부가 소로 들어갑니다. 밥을 많이 넣으면 너무 크게 싸져 먹기 불편하겠지요. 밥은 최대한 얇게 펴 넣어야 합니다. 튀김이 번거로우면 프라이팬에 식용유를 넉넉히 두르고 굴려 가면서 구워도 됩니다.

[두부]

콩비지김치찌개

재료

흰콩 1½컵
배추김치 150g
채수 4컵
들기름 2큰술
고춧가루 1큰술
집간장 1큰술

요리하기

1. 흰콩은 하룻밤 물에 불렸다가 깨끗이 씻은 후 믹서에 채수 1컵 반과 함께 곱게 간다.
2. 김치는 1cm 크기로 자른다.
3. 냄비에 들기름을 두르고 김치를 볶다가 갈아 놓은 흰콩을 넣는다.
4. 3에 남은 채수, 고춧가루를 넣고 센불로 끓이다가 끓기 시작하면 약불로 줄여 계속 저어 가면서 끓인다. • 채수의 양은 조절 가능하다.
5. 집간장으로 간하여 마무리한다.

Tip 묵은지와 불린 콩만 있으면 집에서도 간단하게 만들어 먹을 수 있습니다. 조리 시간도 길지 않으며 들어가는 재료는 기호에 따라 바꾸어도 됩니다.

[마]

마찜

재료
참마 200g
대추 2개
당근 ¼개
호두 1큰술
잣 1큰술
청·홍·황 파프리카 각 ¼개

양념
참기름 1큰술
소금 1작은술
후추 약간

요리하기
1. 참마는 깨끗이 씻어 껍질을 벗기고 강판에 간다.
2. 대추와 당근은 다진다.
3. 호두는 끓는 물에 한 번 삶아 거칠게 다진다.
4. 잣은 젖은 행주로 닦아 준비한다.
5. 파프리카는 일부는 짧게 채 썰고 나머지는 다진다.
6. 갈아 둔 마에 참기름, 소금, 후추를 넣고 골고루 잘 섞어 준다.
7. 오목한 그릇에 담고 준비된 재료를 잘 섞고 채 썬 파프리카를 색스럽게 올려 김이 오른 찜기에 10분 정도 찐다.

Tip 은행을 5~6개 넣어도 잘 어울립니다. 취향대로 여러 채소나 견과류를 다져 넣거나 달걀을 하나 넣고 쪄도 됩니다.

[마]

마콩강정

재료

마 10cm
검은콩 ½컵
생땅콩 ½컵
밀가루 ⅔컵
감자 전분 ½컵
물
소금

조림장

물엿 2큰술
채수 2큰술
양조간장 1큰술
설탕 1큰술

재료 준비

1 검은콩은 1시간 정도 물에 불린다.
2 땅콩은 살짝 삶는다.
3 마는 콩 크기로 잘라 감자 전분 2큰술에 버무린다.
4 밀가루와 감자 전분을 섞어 되직하게 만든 반죽에 마와 검은콩, 땅콩을 넣고 소금 간하여 섞는다.

요리하기

1 식용유의 온도를 약간 높게 해서 반죽을 한 숟가락 떠 넣고 떠오르면 건져 낸다.
2 팬에 분량의 조림장을 넣고 불에 올려 끓으면 튀긴 강정을 버무린다.

Tip 마를 크게 자르면 튀기고 나서 떨어질 수 있으므로 작게 잘라야 합니다.

[머위]

머윗대들깨탕

재료
머윗대 400g
새송이버섯 1개

들깨 양념
들깻가루 1컵
찹쌀가루 2큰술
채수 1컵

양념
집간장
들기름
채수 2컵
소금

재료 준비
1. 머윗대는 끓는 물에 부드럽게 삶아 껍질을 벗기고 먹기 좋게 가른 후 찬물에 2시간 정도 담가 쓴맛을 제거한 후 5~6cm 길이로 자른다.
2. 새송이버섯은 길이로 채 썬다.

요리하기
1. 들깻가루와 찹쌀가루에 채수 1컵을 부어 미리 섞어 놓는다.
2. 머윗대를 집간장으로 간하여 들기름을 두른 프라이팬에 볶는다.
3. 보얀 국물이 나오면 채수를 붓고 한소끔 끓으면 개어 놓은 들깻가루와 새송이버섯을 넣어 끓인다.
4. 소금으로 간하여 마무리한다. • 어슷썰기한 청·홍고추를 추가해도 좋다.

Tip 봄 한철에만 먹을 수 있는 제철 음식입니다. 봄에 춘곤증을 이기기 위해 쓴맛이 있는 음식이 필요할 때 먹으면 좋지요. 국물을 넉넉히 잡아도 됩니다.

무

[무]

무조림

재료

무 1개
생강 1작은술 크기만 한 것
물 5~6컵
설탕 ½컵
양조간장 ½컵
집간장 3큰술

요리하기

1 무는 껍질을 벗겨 2~3cm 두께로 큼직하게 썬다.
2 냄비에 무가 충분히 잠길 만큼 물을 붓는다.
3 생강은 편으로 썰어 넣고 설탕과 양조간장, 집간장을 넣어 중불에서 천천히 조린다.

Tip   무조림은 무가 완전히 익어서 흐물거려야 맛있습니다. 시간이 많이 드는 음식이지만 밥도둑입니다. 설탕이 조금 많다 싶어도 조리가 완성되고 나면 단맛이 과하지 않으니 걱정 안 하셔도 됩니다.

[무]

무나물볶음

재료

무 300g
들기름 2큰술
소금 1작은술
집간장 1작은술
채수 ½컵
깻가루 2큰술
후추 약간

요리하기

1 무는 깨끗이 씻어 껍질째 너무 곱지 않게 채 썬다.
2 프라이팬에 들기름을 두르고 무를 넣어 볶는다.
3 무가 부드러워지고 보얀 국물이 나오기 시작하면 소금과 집간장을 넣어 다시 한 번 볶는다.
4 채수를 붓고 뚜껑을 덮어 2~3분 익힌다.
5 국물이 잘박하게 되면 불을 끄고 깻가루와 후추를 넣어 마무리한다.

[무]

무생채

재료

무 200g
무잎 조금
고춧가루 2큰술
집간장 ½큰술
소금 1큰술
통깨 1큰술
식초 1큰술
설탕 1큰술

요리하기

1. 무는 너무 곱지 않게 채 썰어 고춧가루로 버무려 색을 낸다.
2. 무잎은 적당한 길이로 자른다.
3. 나머지 양념을 넣어 조물조물 골고루 무친다.

[무]

무말랭이무침

재료

무말랭이 200g
조청 ½컵

양념

양조간장 3큰술
집간장 2큰술
통깨 2큰술
고춧가루 5큰술
설탕 4큰술
다시마 우린 물 ½컵

요리하기

1. 무말랭이는 미지근한 물에 15분 정도 불린다.
2. 불린 무말랭이는 보얀 물이 나오지 않을 때까지 주물러 씻어서 물기를 꼭 짠다.
3. 물기를 제거한 무말랭이에 조청을 넣어 30분간 재어 둔다.
4. 조청에 잰 무말랭이의 물기를 다시 짜 주고 준비된 양념을 넣어 골고루 치대며 주무른다.

Tip   무말랭이를 조청이나 물엿에 한 번 절였다가 무치면 아작거리는 식감이 더욱 살아납니다. 간은 기호에 맞게 조절하시면 됩니다.

[무]

무콩나물밥

재료
쌀 ½컵
콩나물 100g
무 70g
물

양념장
청·홍 고추 각 1개
양조간장 2큰술
집간장 1큰술
채수 1큰술
통깨 1큰술
후추 1작은술
고춧가루
참기름

요리하기

1. 쌀은 깨끗이 씻어 30분 정도 불린다.
2. 콩나물은 깨끗이 씻어 준비한다.
3. 무는 껍질을 벗기고 채 썬다.
4. 솥에 채 썬 무를 깔고 그 위에 불린 쌀과 물을 넣고 센불에서 끓기 시작하면 중약불로 줄인다.
5. 물이 자작해지면 콩나물을 넣고 뚜껑을 덮어 10분 정도 뜸을 들인다.
6. 청·홍 고추는 다져서 분량의 양념장을 만들어 무콩나물밥과 함께 낸다.

Tip   콩나물은 아삭한 식감을 살리기 위해 가장 마지막에 넣어 줍니다.

모듬버섯

[모듬버섯]

버섯덮밥

재료

표고버섯 3개
팽이버섯 ½봉지
양송이버섯 3개
새송이버섯 1개
청·홍·황 파프리카 각 ¼개
은행 10개
식용유

양념

채수 2컵
전분 물
(채수 2큰술+감자 전분 1큰술)
집간장 1큰술
소금
참기름 1큰술

재료 준비

1 표고버섯은 가늘게 채 썬다.
2 팽이버섯은 반으로 자르고 붙어 있는 아랫부분은 적당한 크기로 찢어 둔다.
3 양송이버섯은 모양대로 썬다.
4 새송이버섯은 작은 크기로 준비하여 채 썬다.
5 파프리카는 버섯과 같은 크기로 썰어 둔다.
6 은행은 프라이팬에 식용유를 조금 두르고 볶아서 껍질을 제거한다.
7 채수 2큰술에 감자 전분 1큰술을 넣어 전분 물을 준비한다.

요리하기

1 채수를 끓이다가 팽이버섯을 뺀 나머지 버섯들을 넣고 집간장으로 색깔을 낸다. 소금으로 1차 간을 한 뒤 버섯이 익을 정도로 한소끔 끓인다.
2 버섯이 충분히 익으면 전분 물로 농도를 맞춘다.
3 파프리카와 팽이버섯을 넣고 팽이버섯의 숨이 죽으면 불을 끄고 은행과 참기름을 넣은 후 밥 위에 뜨끈하게 끼얹어 낸다.

[모듬버섯]

버섯초회

재료

느타리버섯 100g
팽이버섯 1봉지
표고버섯 3개
양송이버섯 3개
마른 목이버섯 10g
미나리 250g
소금
홍고추 1개

초고추장

고추장 3큰술
설탕 2큰술
식초 2큰술
레몬즙 1작은술
통깨 1큰술

요리하기

1. 느타리버섯과 팽이버섯은 손으로 잘게 찢고 양송이버섯과 표고버섯은 모양대로 채 썬다.
2. 끓는 물에 소금을 조금 넣고 버섯을 종류별로 데친 뒤 찬물에 헹구어 물기를 꼭 짠다.
3. 목이버섯은 따뜻한 물에 불린 뒤 손으로 비벼 가며 불순물을 떼어 내고 먹기 좋은 크기로 찢어 끓는 물에 소금을 조금 넣고 데친 후 찬물에 헹궈 물기를 짠다.
4. 미나리는 잎을 떼고 줄기만 데쳐서 5cm 길이로 썬다. 홍고추도 같은 길이로 채 썬다.
5. 모든 재료를 초고추장으로 버무린다.

Tip 미나리를 듬뿍 넣어서 미나리 향으로 먹는 음식이므로 미나리가 제철일 때 가장 맛있습니다.

[모듬버섯]

버섯장떡

재료
표고버섯 2개
애호박 ¼개
팽이버섯 ⅓개
청양고추 1개
식용유

양념
고추장 2큰술
된장 1큰술
물 1컵
밀가루 1컵

요리하기
1. 표고버섯과 애호박은 잘게 다진다.
2. 팽이버섯은 흐르는 물에 씻어 1cm 길이로 썰어 놓는다.
3. 청양고추는 다진다.
4. 물에 고추장과 된장을 덩어리 없이 잘 풀어 준다.
5. 4에 밀가루와 다진 재료를 넣고 잘 섞어서 되직하게 반죽한다.
6. 식용유를 넉넉히 두른 프라이팬에 반죽을 한 숟가락씩 떠서 전을 부친다.

Tip 채소나 버섯이 많이 들어간 재료로 전을 부칠 때는 자주 뒤적거리면 안 됩니다. 한쪽이 완전히 익은 다음 뒤집어야 질어지는 것을 막을 수 있습니다.

[모듬버섯]

버섯들깨탕

재료
표고버섯 3개
두부 ½모
새송이버섯 1개
팽이버섯 ½봉지
양송이버섯 4개
들깻가루 1컵
찹쌀가루 2큰술
채수 1컵

양념
채수 6~7컵
집간장
소금

요리하기

1. 준비한 버섯은 모두 짧은 길이로 자르고, 0.5cm 두께로 채 썬다.
2. 두부는 얇게 썰어 소금을 뿌려 두었다가 노릇하게 구워 먹기 좋은 크기로 자른다.
3. 들깻가루와 찹쌀가루는 채수 1컵에 미리 섞어 놓는다.
4. 채수를 끓이다가 집간장으로 색을 내고 소금으로 간한다.
5. 팽이버섯을 제외한 나머지 버섯을 넣는다.
6. 한소끔 끓으면 개어 놓은 들깻가루와 팽이버섯을 넣고 소금으로 간을 맞춘다.

Tip 들깻가루가 들어가는 음식에는 찹쌀가루를 넣어야 맛있습니다.

[새송이버섯]

새송이버섯양념조림

재료
새송이버섯 3개

양념장
양조간장 2큰술
들기름 2큰술
올리고당 1큰술
매실 효소 1큰술
물 약간

요리하기

1. 새송이버섯은 흐르는 물에 가볍게 씻어 길게 반으로 잘라 사선으로 칼집을 낸다.
2. 분량의 재료로 양념장을 만들어 새송이버섯을 15분 정도 재어 둔다. • 물은 양념장이 짜지 않을 정도로 넣는다.
3. 달군 프라이팬에 재어 둔 버섯을 올리고 약불로 천천히 앞뒤로 뒤집으면서 조린다.
4. 양념장이 다 없어질 때까지 조린다.

Tip   약불에 천천히 오래 조려서 간이 다 배어야 맛있습니다.

[새송이버섯]

새송이버섯꽈리고추조림

재료
새송이버섯 3개
꽈리고추 100g
참기름 1큰술
통깨 1큰술

조림장
물 1컵
양조간장 4큰술
올리고당 4큰술

요리하기
1 새송이버섯은 흐르는 물에 가볍게 씻어서 동그랗게 썬다.
2 꽈리고추는 씻어서 긴 것은 반으로 자르고 작은 것은 구멍을 내 준다.
3 팬에 새송이버섯과 조림장을 넣고 천천히 조린다.
4 간장이 반으로 줄면 꽈리고추를 넣어 국물이 거의 없어질 때까지 조린다.
5 불을 끄고 참기름과 통깨를 넣어 마무리한다.

Tip 새송이버섯은 자르는 모양에 따라서 식감이 달라집니다. 간은 간장으로 조절하시면 됩니다.

[새송이버섯]

말린새송이버섯볶음

재료
말린 새송이버섯 3개
청·홍·황 파프리카 각 ¼개

양념
집간장 1큰술
들기름 3큰술
소금 약간
통깨 약간
후추 약간

요리하기

1. 말린 새송이버섯은 15~20분 정도 미지근한 물에 불린 다음 손으로 먹기 좋게 찢어 집간장 1큰술, 들기름 1큰술로 밑간한다.
2. 파프리카는 채 썰어 준비한다.
3. 밑간한 버섯은 프라이팬에 들기름을 2큰술 두르고 볶는다.
4. 버섯이 익으면 채 썬 파프리카를 넣어 다시 한 번 볶아 준다.
5. 부족한 간은 소금으로 하고 불을 끈 다음 통깨와 후추를 넣어 마무리한다.

[표고버섯]

표고밥

재료
불린 쌀 2컵
마른 표고버섯 20개 정도
우엉 15cm
들기름 2큰술
채수 1큰술

양념장
청·홍 고추 각 1개
양조간장 3큰술
집간장 1큰술
물 1큰술
참기름 1큰술
통깨 1큰술
(19p 참고)

재료 준비
1. 쌀은 깨끗이 씻어서 미리 불린다.
2. 표고버섯은 깨끗이 씻어서 불린 다음 밑동을 떼고 물기를 꼭 짜서 곱게 채 썬다.
3. 우엉은 껍질을 깎아 어슷썰기 하여 물에 헹군다.

요리하기
1. 채 썬 표고버섯과 우엉은 들기름 2큰술을 넣고 볶는다. •이때 타지 않도록 채수를 조금씩 부어 가면서 볶는다.
2. 볶은 표고버섯과 우엉을 밑에 깔고 미리 불려 놓은 쌀을 얹어 밥을 짓는다.
3. 밥물은 쌀이 살짝 잠길 정도만 넣고, 중간에 2번 정도 뒤집어 준다.
4. 청·홍 고추는 다지고, 분량의 재료와 섞어 양념장을 만든다.
5. 밥이 다 되면 골고루 섞어서 양념장과 함께 낸다.

Tip 밥물은 평소의 반으로 줄이세요. 나물이나 버섯이 들어가는 밥은 질면 맛이 없습니다.

[표고버섯]

표고만두찜

재료
표고버섯 10개
두부(小) 1모
자른 브로콜리 3~4송이
청·홍·황 파프리카 각 ¼개
소금

양념
감자 전분 3큰술
소금 1작은술
후추 약간
참기름 1큰술

소스
양조간장 2큰술
설탕 1큰술
채수 ½컵
전분 물 2큰술
(물 2+전분 가루 1)

요리하기

1 표고버섯은 가위로 밑동을 잘라 내고 끓는 물에 소금을 조금 넣고 살짝 데쳐 찬물에 헹군 후 키친타월로 눌러 물기를 제거한다.
2 두부는 칼등으로 으깨어 물기를 꼭 짠다.
3 브로콜리는 살짝 데쳐 다지고, 파프리카도 다져서 물기를 제거한다.
4 두부와 재료를 섞고 분량의 양념 재료를 넣어 고루 치댄 후 완자소를 만든다.
5 물기를 제거한 표고버섯의 안쪽 흰 부분에 감자 전분을 고루 묻히고 준비한 완자소를 동그랗게 올라오도록 채워 넣은 다음 완자소 위에 감자 전분을 솔솔 뿌려 김이 오른 찜기에 10분간 찐다.
6 전분 물을 제외한 소스 재료 모두를 프라이팬에 넣고 끓기 시작하면 전분 물로 농도를 맞춘다.
7 찐 표고버섯을 그릇에 담고 소스를 끼얹어 낸다.

Tip 표고버섯을 한 번 데치는 이유는 크기를 살짝 줄여 만들어야 하기 때문입니다. 크기만 줄이면 되니 너무 많이 익히지 마세요.

[표고버섯]

표고아스파라거스볶음

재료

표고버섯 5~6개
아스파라거스 5줄
청·홍·황 파프리카 각 ¼개
들기름 2큰술
양조간장 2큰술
소금 약간
채수 ½컵
전분 물
(물 1큰술+감자 전분 1큰술)
통깨 1큰술
후추 약간

요리하기

1. 표고버섯은 밑동을 떼어 내고 흐르는 물에 깨끗이 씻어 손으로 꼭 짠 후 모양대로 1cm 두께로 썬다.
2. 아스파라거스는 단단한 밑동을 잘라 내고 필러로 껍질을 얇게 벗긴다. 이때 필러에 걸리는 부분만 제거한 후 0.5cm 두께로 어슷 썬다.
3. 파프리카는 표고버섯 길이로 채 썬다.
4. 프라이팬에 들기름을 두르고 표고버섯을 넣어 채수를 조금씩 부으면서 볶는다.
5. 표고버섯이 익으면 양조간장과 소금을 넣고 아스파라거스와 파프리카를 넣어 다시 한 번 볶는다.
6. 마지막으로 감자 전분 물을 넣어 윤기만 준다.
7. 불을 끄고 통깨와 후추를 넣는다.

Tip 표고버섯과 아스파라거스만 있으면 간단하게 조리하는 음식입니다. 기호에 따라 다른 채소나 버섯을 곁들여도 됩니다.

[표고버섯]

표고강정

재료
마른 표고버섯 10개
청·홍·황 파프리카 각 ¼개
감자 전분 2큰술
식용유
꼬치

표고버섯 밑간 양념
소금 1작은술
참기름 1큰술
후추 약간

강정 양념
고추장 2큰술
양조간장 2큰술
물 ½컵
올리고당 3큰술
고춧가루 2큰술
설탕 2큰술

요리하기

1. 표고버섯은 미지근한 물에 충분히 불려서 깨끗이 씻은 다음 물기를 꼭 짜고 먹기 좋은 크기로 잘라 밑간한다.
2. 파프리카는 표고버섯 크기로 자른다.
3. 밑간한 표고버섯은 감자 전분만 입혀서 두 번 튀겨 둔다.
4. 팬에 강정 양념을 넣고 약한 불에서 반짝일 때까지 조린다.
5. 튀긴 버섯을 4의 강정 양념에 버무린다.
6. 꼬치에 버섯강정과 파프리카를 색스럽게 끼워 낸다.

Tip 매실 효소로 맵지 않은 소스를 만드셔도 됩니다. 매실과 물을 같은 비율로 섞어서 간장을 조금 넣고 전분으로 농도를 조절하면 됩니다. 아이들이 먹기에는 고추장보다 토마토케첩이 좋습니다.

[표고버섯]

버섯묵

재료
양송이버섯 5개
새송이버섯 1개
표고버섯 3개
팽이버섯 ½봉지
물 1컵

부재료
한천가루 1큰술
물 ½컵
소금

재료 준비
1 양송이버섯은 모양대로 썬다.
2 새송이버섯과 표고버섯은 얇게 썰어 준비한다.
3 팽이버섯은 밑동을 잘라 내고 다시 반으로 잘라 가닥가닥 떼어 놓는다.
4 한천가루는 미리 물 ½컵에 개어 놓는다.

요리하기
1 물에 버섯을 넣고 소금 간하여 버섯이 익을 때까지 천천히 저으면서 끓인다.
2 버섯이 다 익었으면 개어 놓은 한천가루를 조금씩 부어 가며 걸쭉한 농도로 졸인다.
3 걸쭉해지면 네모난 모양의 그릇에 부어 평평한 곳에 놓고 식힌다.
4 완전히 굳으면 뒤집어 빼서 썰고 초고추장이나 양념장과 곁들여 낸다. • '기본 다지기'의 초고추장 만드는 법(18p)을 참고한다.

Tip 버섯의 향이 돋보이는 음식입니다. 묵이라 어렵게 생각할 수도 있지만 막상 해 보면 그리 어려운 조리법이 아닙니다. 한번 도전해 보실 만합니다.

[황금팽이버섯]

황금팽이버섯두부선

재료
두부(大) 1모
황금팽이버섯 1팩
식용유
소금

양념
양조간장 1큰술
들기름 1큰술

요리하기
1 두부는 4cm×4cm 크기에 1.5cm 두께로 두툼하게 썰어 소금을 뿌려 밑간한다.
2 팽이버섯은 밑동을 잘라 내고 가닥가닥 찢어 물에 씻어 물기를 꼭 짠다.
3 냄비에 버섯을 넣고 분량의 양념을 넣어 살짝 조린다.
4 밑간한 두부는 식용유를 넉넉히 두른 프라이팬에 앞뒤로 노릇하게 굽는다.
5 구운 두부에 주머니 모양으로 칼집을 내어 조린 버섯을 넣는다.

Tip 두부는 두툼하게 잘라야 합니다. 구우면 크기가 줄어들기 때문에 얇게 자르면 버섯을 넣을 수가 없습니다.

[브로콜리]

브로콜리들깨된장무침

재료
브로콜리 1송이
소금 약간

들깨 소스
물 1컵
된장 2큰술
들깻가루 5큰술
찹쌀가루 2큰술

요리하기
1. 브로콜리는 송이를 떼어 물이 끓기 시작하면 소금을 조금 넣고 살짝 데친 후 체에 밭쳐 식힌 다음 물기를 제거한다.
2. 물에 된장을 개어 체에 거르고 들깻가루와 찹쌀가루를 넣어 섞은 후 약 10분간 두었다가 약한 불에서 눋지 않게 잘 저어 소스를 만든다.
3. 데친 브로콜리에 들깨 소스를 넣고 잘 뒤적여 버무린다.

Tip 된장과 들깨의 궁합이 잘 맞습니다. 농도를 조절해 다양한 재료에 활용해 보세요.

[브로콜리]

브로콜리두부볶음

재료

브로콜리 ½개
두부 ½모
표고버섯 2개
새송이버섯 1개
청·홍 파프리카 각 ¼개
애호박 30g
소금
식용유

양념

양조간장 2큰술
채수 1컵
전분 물 2큰술
(물 2큰술+감자 전분 1큰술)
소금 약간
참기름
후추

요리하기

1. 브로콜리는 작은 송이로 잘라 깨끗이 씻어 끓는 물에 소금 1작은술을 넣고 살짝 데친다.
2. 두부는 3cm×3cm 크기의 정사각형으로 썰어 소금을 뿌려 물기를 뺀다.
3. 표고버섯과 새송이버섯은 채 썬다.
4. 파프리카, 애호박은 먹기 좋은 크기로 썬다.
5. 두부는 키친타월로 물기를 닦아 내고 식용유를 넉넉히 두른 프라이팬에 돌려 가면서 노릇하게 굽는다.
6. 달궈진 프라이팬에 버섯을 넣고 양조간장으로 간하여 볶는다.
7. 채수를 붓고 전분 물로 농도를 맞춘 다음 남은 재료들을 다 넣고 뒤적여 골고루 섞는다.
8. 마지막 간은 소금으로 맞추고 불을 끈 다음 참기름, 후추를 넣어 마무리한다.

Tip 여러 가지 채소와 버섯, 두부가 만난 영양식입니다. 취향에 따라 어슷 썬 고추, 청경채 등을 넣어도 좋습니다. 미리 만들어 놓으면 물이 생기니 재료를 준비해 두었다가 상에 올리기 직전에 조리해야 맛있습니다.

[상추]

상추냉국

재료

상추 200g
오이 ½개
청양고추 1개
집간장 1½큰술
식초 1½큰술
고춧가루 1큰술
소금
물

소스 양념

맛간장 2컵
매실 효소 3~5큰술
참기름 1큰술
통깨 1큰술

재료 준비

1. 상추는 끓는 물에 소금을 넣고 살짝 데쳐서 찬물에 헹궈 물기를 짜고 송송 썬다.
2. 오이는 어슷 썰어 채 썬다.
3. 썰어 놓은 상추에 집간장 1큰술, 식초 1큰술, 고춧가루 ½큰술을 넣고 골고루 버무려 밑간한다.
4. 채 썬 오이는 집간장 ½큰술, 식초 ½큰술, 고춧가루 ½큰술을 넣어 버무려 밑간한다.
5. 청양고추는 채 썰어 놓는다.

요리하기

1. 준비된 재료를 그릇에 담고 소스 양념과 찬물을 부어 섞는다. • 부족한 간은 집간장이나 소금으로 하고 식초는 기호에 따라 더 넣어도 된다.
2. 마지막으로 통깨를 부숴 넣는다.

Tip 먹고 남은 상추가 처치 곤란일 때 간단하게 조리해서 먹을 수 있습니다. 더운 여름에 냉장고에 넣어 두었다가 얼음을 띄워서 시원하게 먹으면 됩니다.

[상추]

상추나물무침

재료
상추 400g, 청·홍 고추 각 ½개
소금 1큰술

양념
집간장 2큰술, 식초 1큰술
매실 효소 1큰술, 고춧가루 1큰술
통깨 1큰술

요리하기

1. 냄비에 물을 올려 끓기 시작하면 소금 1큰술을 넣고 상추의 숨이 죽을 정도로만 살짝 데친다.
2. 데친 상추는 찬물에 헹궈 먹기 좋은 크기로 썬 다음 물기를 꼭 짠다.
3. 분량의 양념을 섞어 양념이 골고루 배도록 조물조물 무친다.

[상추]

상추전

재료

상추 잎 20장, 밀가루 ½컵
소금 1작은술, 물 ⅔컵, 식용유

초고추장

고추장 2큰술, 설탕 1큰술
식초 1큰술

요리하기

1 상추는 대가 있는 것으로 준비하여 깨끗이 씻은 후 물기를 털어 낸다.
2 밀가루에 소금을 조금 넣고 묽게 반죽한다.
3 상추를 2장씩 잡아 반죽에 넣어 살짝 적신다.
4 프라이팬에 식용유를 두르고 상추를 숨만 죽도록 살짝 지져 낸다.
5 초고추장을 곁들여 낸다.

[시금치]

시금치겉절이

재료
시금치 1단
홍고추 1개

양념장
고춧가루 3큰술
통깨 1큰술
매실 효소 3큰술
소금 약간
집간장 2큰술
물 2큰술

요리하기
1 시금치는 다듬어서 깨끗이 씻은 후 소쿠리에 밭쳐 물기를 뺀다.
2 홍고추는 채 썰고 씨를 털어 준비한다.
3 분량의 재료를 섞어 양념장을 만든다.
4 양념장에 시금치와 홍고추를 넣어 살살 털듯이 버무린다.

Tip 봄에 나오는 섬초나 포항초로 만들어야 맛있습니다. 너무 주무르면 풋내가 나니 살살 털듯이 버무려야 합니다.

[시금치]

시금치버섯볶음

재료

시금치 ½단
표고버섯 2개
새송이버섯 1개
팽이버섯 ½봉지
전분 물
(채수 2큰술+감자 전분 1큰술)
채수 ½컵
참기름
소금
통깨
들기름
양조간장 1큰술
후추

재료 준비

1. 손질한 시금치는 끓는 물에 소금을 조금 넣고 데쳐 찬물에 헹군 후 물기를 짜고 참기름, 소금, 통깨를 넣어 무친다.
2. 표고버섯은 모양대로 썰고 새송이버섯도 표고버섯과 비슷한 크기로 썬다.
3. 팽이버섯은 밑동을 자르고 먹기 좋은 크기로 찢는다.
4. 감자 전분을 채수에 풀어 놓는다.

요리하기

1. 달군 프라이팬에 들기름을 두르고 팽이버섯을 제외한 버섯을 넣고 소금 간하여 채수를 부으면서 볶는다.
2. 다 볶아지면 남은 채수를 붓고 양조간장으로 색을 낸 뒤 전분 물로 농도를 맞춘다.
3. 마지막으로 팽이버섯을 넣어 섞고 불을 끈 다음 참기름과 후추로 마무리한다.
4. 접시에 데친 시금치를 깔고 볶은 버섯을 가운데 올려 낸다.

Tip 먹고 남은 시금치나물을 활용한 음식입니다. 버섯 종류는 취향에 따라 바꾸어도 됩니다.

애호박

[애호박]

애호박구이

재료
애호박 1개, 들기름 1큰술
식용유 1큰술

양념장
청·홍 고추 각 1개, 양조간장 2큰술
집간장 1큰술, 참기름 1큰술
통깨 1큰술, 물 1큰술, 후추 약간

요리하기

1 애호박은 0.5cm 두께로 썬다.
2 프라이팬에 들기름과 식용유를 섞어 두르고 애호박을 굽는다.
3 청·홍 고추는 다지고 분량의 재료를 섞어 양념장을 만든다.
4 구운 애호박을 그릇에 담고 양념장과 함께 낸다. • 양념장을 애호박 위에 뿌리듯 얹어 내도 좋다.

[애호박]

애호박볶음

재료

애호박 1개, 홍고추 ½개
소금 1큰술, 들기름 2큰술
깻가루 1큰술, 후추 약간

요리하기

1. 애호박은 반달 모양으로 얇게 썰어 소금에 절인다.
2. 애호박이 부드럽게 절여지면 물기를 꼭 짠다.
3. 프라이팬에 들기름을 두르고 절인 애호박을 새파란 색이 나도록 볶는다.
4. 애호박이 다 볶아졌으면 불을 끄고 깻가루와 후추를 뿌려 골고루 섞는다. •마지막에 홍고추를 넣어 색을 내도 좋다. 홍고추는 반으로 갈라 씨를 빼고 어슷썰기로 채 썰어 넣어 주면 된다.

[애호박]

애호박선

재료
애호박 1개
청양고추 1개
홍고추 1개
당근 1.5cm
마른 표고버섯 2개

양념장
채수 ½컵
양조간장 2큰술
올리고당 1큰술
고춧가루 1큰술
깨소금 1큰술
참기름 1큰술

재료 준비
1. 애호박은 깨끗이 씻어 길게 반으로 갈라 등 쪽에 0.7~0.8cm로 칼집을 넣는다. • 칼집을 너무 깊이 넣으면 나중에 부서지는 수가 있으므로 애호박 양쪽으로 젓가락을 두고 7부 정도만 칼집이 들어가도록 한다.
2. 청양고추와 홍고추는 반으로 갈라 씨를 빼고 곱게 채 썰어 놓는다.
3. 당근과 물에 불린 표고버섯도 곱게 채 썬다.

요리하기
1. 당근과 표고버섯은 살짝 볶는다.
2. 찜기에 김이 오르기 시작하면 애호박을 넣어 2분 정도 찐다. • 새파랗게 색이 살아 있도록 살짝 익힌다.
3. 애호박이 익을 동안 준비된 소(당근, 표고버섯, 고추 등)를 양념과 섞어 양념장을 만든다.
4. 쪄 낸 애호박을 두 송이씩 잘라서 송이 사이에 준비한 양념장을 모양 있게 넣는다.
5. 호박선을 그릇에 담아 상에 올리기 직전에 남은 양념장을 살짝 끼얹는다.

[애호박]

애호박잡채

재료

애호박 2개
표고버섯 3개
새송이버섯 1개
홍·노랑 파프리카 각 ½개
식용유
소금

양념

후추 약간
통깨
참기름

요리하기

1 애호박은 3등분하고 돌려깎기 하여 채 썬 후 소금 1큰술을 넣고 살짝 절인다.
2 표고버섯, 새송이버섯, 파프리카는 채 썰어 준비한다.
3 애호박은 숨이 죽으면 한 번 씻어서 베보자기로 싸서 꼭 짠 후 프라이팬에 식용유를 두르고 새파랗게 볶는다.
4 다른 재료도 각각 소금 간하여 볶는다.
5 볶은 재료를 섞고 후추, 통깨, 참기름으로 무친다. 부족한 간은 소금으로 한다.

Tip 애호박의 단맛이 돋보이는 음식입니다. 기호에 따라 다른 재료를 넣어도 됩니다.

[애호박]

애호박전

재료
애호박 1개
홍고추 ½개

부재료
집간장 1작은술
소금 1작은술
밀가루 1컵
물
식용유

요리하기

1. 애호박은 모양대로 얇게 썰어서 곱게 채 썬다.
2. 홍고추는 씨를 빼고 곱게 채 썰어 놓는다.
3. 채 썬 애호박에 집간장과 소금을 넣어서 10분 정도 절인다.
4. 애호박의 숨이 죽으면 씻지 않고 그대로 밀가루를 넣어 반죽한다. 썰어 놓은 고추도 넣어 준다. 너무 되직하면 물을 넣어 농도를 조절한다.
5. 달궈진 프라이팬에 식용유를 넉넉히 두르고 전을 부친다.

Tip 불이 약하면 바삭하게 부쳐지지 않습니다. 기름도 조금 넉넉히 둘러야 맛있습니다. 기호에 따라 청양고추를 추가해도 좋습니다.

[애호박]

애호박된장찌개

재료

애호박 ½개
표고버섯 2개
팽이버섯 ½봉
두부 ½모
청양고추 2개

양념

채수 2컵
된장 3~4큰술
고춧가루 1큰술
집간장
설탕 1작은술

요리하기

1　애호박, 표고버섯은 작게 썰어 준비한다.
2　팽이버섯은 밑동을 잘라 내고 잘게 찢어 둔다.
3　두부는 작은 주사위 모양으로 썰어 준비한다.
4　청양고추는 모양대로 동그랗게 썰어 놓는다.
5　채수 2컵을 냄비에 붓고 된장을 풀어 끓인다.
6　물이 끓기 시작하면 호박, 표고버섯을 넣고 한소끔 끓인다.
7　고춧가루를 넣고 싱거우면 집간장으로 간한다.
8　마지막으로 두부, 팽이버섯, 청양고추, 설탕을 넣어 한소끔 끓이고 불을 끈다.

[애호박]

얼큰된장수제비

재료

단호박 100g
밀가루 2컵
마른 표고버섯 3개
감자 1개
애호박 ¼개
들기름 1큰술
채수 7~8컵
소금

양념

된장 2큰술
고추장 1큰술
고춧가루 1큰술

요리하기

1. 단호박은 무르게 쪄서 밀가루와 섞어 반죽한 후 냉장고에서 30분 이상 숙성시킨다.
2. 냄비에 물을 붓고 미지근한 물에 불린 표고버섯을 크기에 따라 3~5등분하여 넣은 후 팔팔 끓인다.
3. 감자는 깨끗이 씻어 껍질을 벗긴 뒤 반으로 잘라 반달 모양으로 썰고, 애호박도 반으로 잘라 반달 모양으로 썰어 준비한다.
4. 채수가 끓으면 감자를 넣고 양념을 체에 걸러 풀어 준다.
5. 감자가 반 정도 익으면 1의 반죽을 납작하게 뜯어 넣는다. 반죽이 익으면 애호박을 넣고 한소끔 더 끓인다.
6. 마지막 간은 소금으로 한다.

Tip 수제비를 반죽할 때 물 대신 찐 단호박을 넣으면 색깔도 예쁘고 자연스러운 단맛이 음식을 맛있게 합니다.

[말린 채소]

말린애호박된장찌개

재료

표고버섯 2개
느타리버섯 50g
콩나물 50g
배춧잎 2장
말린 호박 30g
채수 6~7컵

양념장

된장 1큰술
고추장 2큰술
들기름 1큰술

요리하기

1. 표고버섯은 먹기 좋게 썰고 느타리버섯은 손으로 찢는다. 콩나물도 깨끗이 씻어 준비한다.
2. 배추는 넓적하게 썬다.
3. 양념장은 미리 섞어 준비한다.
4. 말린 호박은 씻어서 건져 불린 뒤, 양념장 1큰술을 넣고 무친다.
5. 전골냄비에 손질해 놓은 콩나물을 깔고 남은 양념장을 넣는다.
6. 준비한 재료를 보기 좋게 돌려 담고 가운데에는 양념한 말린 호박을 놓는다.
7. 채수를 붓고 중불에서 5분간 끓인다. •부족한 간은 집간장이나 소금으로 한다.

Tip 팽이버섯이나 양송이버섯, 당근 등 버섯과 채소는 취향껏 넣으셔도 됩니다.

[양배추]

양배추볶음

재료
양배추 ¼통
청·홍·황 파프리카 각 ¼개

절임 양념
소금 1큰술
집간장 ½큰술

양념
들기름 2큰술
소금 약간
깻가루 1큰술
후추 약간

요리하기

1. 양배추는 0.5cm 두께로 채 썬다.
2. 파프리카는 양배추와 비슷한 길이로 채 썬다.
3. 채 썬 양배추는 물에 두어 번 헹구고 소금을 뿌려 10분간 절인다.
4. 양배추가 살짝 숨이 죽으면 썰어 놓은 파프리카를 넣어 같이 절인다.
5. 총 15분 정도 절인 후에 물기를 꼭 짠다.
6. 달궈진 프라이팬에 들기름을 두르고 양배추를 부드럽게 볶는다. 싱거우면 소금으로 간한다.
7. 양배추가 부드러워지면 불을 끄고 깻가루와 후추를 넣는다. • 너무 익히면 식감이 떨어지니 유의한다.

[양배추]

양배추미역말이

재료
양배추 넓은 잎 10장
무 100g
당근 ¼개
물미역 조금
소금

소스
물 ½컵
식초 3큰술
설탕 3큰술
양조간장 2큰술

요리하기
1 분량의 소스 재료를 섞은 후 냉동실에 넣어 살짝 얼린다.
2 양배추는 넓은 잎으로 준비하여 숨만 죽을 정도로 살짝 데친다.
3 물미역은 살짝 데쳐서 잎 쪽은 넓게 자르고 줄기는 곱게 찢어 준비한다.
4 무는 채 썰어 소금에 살짝 절여 물기를 제거한다.
5 당근은 채 썰어 끓는 물에 소금을 조금 넣고 데친다.
6 양배추 잎을 두 겹 놓고 위에 미역 잎과 채 썬 오이, 당근을 적당히 얹는다.
7 김밥 말듯이 돌돌 말아 랩으로 싸서 냉장고에 보관한다.
8 내기 직전에 적당한 크기로 김밥 썰듯이 썰어 살짝 얼린 소스를 끼얹는다.

Tip 물미역이 없으면 마른 미역을 불려 끓는 물에 살짝 데쳐서 쓰세요.

연근
우엉

[연근]

연근통들깨구이

재료

연근 160g
호두 2큰술
밀가루 2큰술
들기름 2큰술

양념

통들깨 1큰술
양조간장 2큰술
물 2큰술
올리고당 2큰술
참기름 1큰술

요리하기

1. 연근은 껍질을 벗기고 0.8cm 두께로 썰어 끓는 물에 살짝 데친다.
2. 호두는 끓는 물에 데쳐서 거칠게 다진다. • 호박씨 등 다른 견과류를 추가해도 좋다.
3. 양념 재료에 호두를 넣어 섞어 준다.
4. 데친 연근은 밀가루를 입혀 들기름 두른 프라이팬에 살짝 굽는다.
5. 애벌구이한 연근에 준비된 양념을 끼얹어 앞뒤로 뒤집으면서 양념이 골고루 배도록 다시 한 번 굽는다.

Tip   연근의 아삭한 식감과 통들깨의 향이 살아 있는 음식입니다. 간 조절에 따라 반찬으로도, 곁들임 음식으로도 어울립니다.

[연근]

연근전찌개

재료
연근 1개
밀가루 ½컵
식용유

양념장
고춧가루 2큰술
맛간장 1컵
올리고당 3큰술
통깨 1큰술
참기름 1큰술

요리하기
1. 연근은 껍질을 벗긴 후 0.5cm 두께로 썰어서 물에 담가 둔다.
2. 1의 연근을 체에 밭쳐 물기를 뺀 다음 밀가루를 입혀 프라이팬에 식용유를 두르고 전을 부친다.
3. 분량의 양념장을 만든다.
4. 궁중 프라이팬에 연근과 양념장을 켜켜이 담고 한소끔 끓인다.

Tip 전찌개는 연근뿐만 아니라 어떤 전으로 요리해도 됩니다. 명절이나 제사 후에 남은 전을 활용하면 좋겠지요.

[연근]

연근마요네즈무침

재료

연근 200g
검은깨 가루 2큰술

채식 마요네즈

비건 두유 ½컵
소금 ½작은술
꿀 1큰술
포도씨유 1~2컵
식초 1큰술
레몬즙 2큰술
유자청 2큰술

채식 마요네즈 만들기

1. 믹서에 먼저 두유와 소금, 꿀을 넣고 돌린다.
2. 다음으로 포도씨유를 넣고 엉길 때까지 돌린다.
3. 중간에 식초와 레몬즙을 넣어 빨리 엉기게 한다.
4. 유자청을 넣어 마무리한다.

요리하기

1. 연근은 껍질을 벗겨 0.3cm 두께로 얇게 모양대로 썬 후 끓는 물에 투명하게 데친다.
2. 데친 연근은 찬물에 헹구고 체에 밭쳐 물기를 뺀다.
3. 연근에 채식 마요네즈와 검은깨 가루를 넣어 버무린다.

[연근]

연근조림

재료
연근 1개(350~400g)

조림장
맛간장 2컵, 설탕 2큰술
올리고당 3큰술, 참기름 1큰술
통깨 1큰술

요리하기
1. 연근은 필러로 껍질을 벗겨 0.7cm 두께로 썬다.
2. 조림 프라이팬에 물과 맛간장, 설탕을 먼저 넣고 연근을 조린다. 센 불에서 끓기 시작하면 중불로 줄여서 천천히 조린다.
3. 중간중간 뒤적여 주면서 조림장이 거의 보이지 않을 때 올리고당을 넣고 다시 한 번 윤기 나게 조린다. • 싱거우면 양조간장을 조금 더 넣어주면 된다.
4. 불을 끄고 참기름과 통깨를 넣는다.

[우엉]

우엉조림

재료
우엉 1개(약 300g), 식용유 2큰술

조림장
맛간장 1컵
설탕 2큰술, 올리고당 2큰술
참기름 약간, 통깨 약간

요리하기

1. 우엉은 껍질을 벗겨 길게 썰어도 되고, 한입 크기로 어슷 썰거나 채 썰어도 된다. • 갈변을 막기 위해서 썰자마자 물에 담근다.
2. 우엉을 물에서 건져 프라이팬에 식용유를 두르고 중불에 살살 볶는다.
3. 우엉이 투명해지면 맛간장, 설탕을 넣고 중약불에 은근히 조린다.
4. 윤기가 돌고 국물이 거의 없을 때 올리고당을 넣어 살살 저어 주다 양념이 우엉에 달라붙었을 때 불을 끄고 참기름, 통깨를 넣어 마무리한다.

[우엉]

우엉미나리샐러드

재료
우엉 18cm
당근 3cm
미나리 150g
식용유

우엉 조림장
맛간장 ½컵
올리고당 3큰술

드레싱
깻가루 3큰술
양조간장 1큰술
설탕 1큰술
채식 마요네즈 4큰술
(211p 참고)
소금

요리하기
1. 우엉은 5~6cm 길이로 채 썰어 물에 한 번 헹군 후 식용유를 두르고 살짝 볶은 후 맛간장과 올리고당을 넣어 짜지 않게 천천히 조린다.
2. 당근은 우엉 길이만큼 채 썰어 살짝 데치고 미나리도 줄기만 다듬어 같은 크기로 썰어 데친다.
3. 준비된 재료들은 물기를 제거하고 조린 우엉과 함께 드레싱에 버무린다.

Tip 비건이 아닌 분들은 시판 마요네즈를 활용하셔도 됩니다. 다만 시판 마요네즈는 간이 되어 있기 때문에 간 조절을 잘하셔야 합니다.

[우엉]

우엉튀김조림

재료
우엉 1줄
꽈리고추 1줌
식용유
참기름
통깨

조림장
맛간장 1컵
올리고당 3큰술

요리하기
1. 우엉은 껍질을 벗기고 4~5cm 길이로 잘라 얇게 썬다.
2. 얇게 썬 우엉은 여러 번 깨끗하게 씻은 후 채반에 밭쳐 마른 행주로 물기를 제거한다.
3. 꽈리고추는 꼭지를 따고 큰 것은 반으로 자르고 작은 것은 구멍을 낸다.
4. 180도의 식용유에 우엉을 시간 차를 두고 두 번 튀긴다.
5. 조림 프라이팬에 조림장과 꽈리고추를 먼저 넣고 조린다.
6. 꽈리고추가 어느 정도 익으면 우엉을 넣어 뒤적이면서 더 조린다.
7. 불을 끄고 참기름과 통깨를 넣어 마무리한다.

Tip 우엉을 튀기면 식감이 쫄깃해집니다. 색다른 맛과 식감을 즐길 수 있는 음식입니다.

[우엉]

우엉양념구이

재료

우엉(中) 1개

양념장

고춧가루 1큰술
고추장 2큰술
설탕 ½큰술
통깨 1큰술
양조간장 2큰술
물엿 2큰술
참기름 1큰술

재료 준비

1 우엉은 껍질을 벗겨 5~6cm 길이로 자른 뒤 반으로 가른다.
2 너무 많이 익지 않도록 주의하며 7~8분 정도 찜기에 찐다.
3 쪄 낸 우엉은 도마 위에 펴 놓고 가운데 부분을 칼 등으로 두드려 넙적하게 편다.

요리하기

1 분량의 재료를 섞어 양념장을 만들되 너무 짜지 않게 한다.
2 펴진 우엉의 한쪽 면에 양념장을 발라 층층이 재어 놓는다.
3 양념장 바른 우엉을 프라이팬에 살짝 굽는다. •너무 오래 구우면 질겨진다.

Tip 고추장 대신 간장으로 양념해도 됩니다. 미리 양념해 넉넉히 만들어 두었다가 먹을 때 프라이팬에 구워서 내도 좋습니다.

[우엉]

우엉잡채

재료

당면 200g
우엉 18cm
풋고추 2개

우엉 조림 양념

식용유 1큰술
맛간장 ½컵
올리고당 2큰술

당면 조림 양념

맛간장 1컵
식용유 1큰술
설탕 1작은술

잡채 양념

참기름 1큰술
통깨 1큰술
후추 약간
양조간장

재료 준비

1. 당면은 찬물에 1시간 정도 불려서 적당한 크기로 잘라 놓는다.
2. 우엉은 물에 씻은 후 껍질을 벗겨 6cm 길이로 채 썰어 물에 헹군다.
3. 풋고추는 반으로 갈라 씨를 빼고 채 썬다.

요리하기

1. 잘 달궈진 프라이팬에 식용유를 두르고 우엉을 볶다가 우엉이 거의 익었을 때 맛간장 ½컵과 올리고당 2큰술을 넣어 조린다.
2. 우엉을 볶은 프라이팬에 맛간장 1컵을 넣어 조린다.
3. 조림장이 끓으면 식용유, 설탕, 불린 당면을 넣고 젓가락으로 골고루 저어 가며 조림장이 완전히 졸아들 때까지 센불에서 볶는다.
4. 당면이 충분히 볶아졌으면 풋고추를 넣고 한 번 섞어 준다. 불을 끄고 우엉을 넣어 잡채 양념으로 버무린다.

Tip 우엉 채를 곱게 썰어야 모양도 좋은 음식이 됩니다.

오이

[오이]

오이나물볶음

재료

오이 2개
식용유 1큰술
참기름 1큰술
통깨 1큰술
후추 약간
소금 1큰술

요리하기

1. 오이는 얇고 둥글게 썰어 소금 1큰술에 절인다.
   - 슬라이서를 활용하면 쉽다.
2. 절여진 오이는 씻지 말고 베보자기로 싸서 물기를 꼭 짠다. • 물기를 꼭 짜야 씹는 맛이 좋다.
3. 달궈진 프라이팬에 식용유를 두르고 오이를 새파랗게 볶는다.
4. 볶아 놓은 오이에 참기름, 통깨, 후추를 넣어 무친 후 싱거우면 소금으로 간을 맞춘다.

Tip 오이는 아삭거림이 남아 있을 정도로 볶으세요. 오이나물볶음은 오이를 살짝 볶아야 맛있습니다.

[오이]

오이무채소박이

재료

오이 3개
무 200g
당근 100g
소금

양념

고운 고춧가루 ⅓컵
식초 3큰술
소금 1큰술
설탕 3큰술

재료 준비

1. 오이는 깨끗이 씻어 3~4등분하고 소금을 뿌려 살짝 절여 놓는다.
2. 무와 당근은 깨끗하게 다듬어 소로 넣기 좋게끔 곱게 채 썬다.
3. 1의 오이를 젓가락으로 속을 예쁘게 파내고 물에 살짝 헹군 뒤 물기를 제거한다.

요리하기

1. 채 썰어 놓은 무와 당근에 고운 고춧가루, 식초, 소금, 설탕을 넣어 새콤달콤 새빨갛게 무친다. •간은 세게 하는 것이 좋다.
2. 속을 파낸 오이에 준비해 놓은 소를 꼭꼭 채운다.
3. 먹기 좋은 크기로 김밥처럼 썰어 상에 올린다.

Tip 오이 속을 깨끗하게 파야 썰었을 때 모양이 예쁘게 나옵니다. 쇠젓가락으로 파면 어렵지 않습니다. 오이 속을 넣다 보면 국물이 생깁니다. 오이를 용기에 넣고 이 국물을 부어 숙성시키면 더 맛있어집니다.

[오이]

오이냉국

재료

오이 2개
홍고추 1개

국물

물 1L
집간장 4큰술
소금 1큰술
식초 ½컵
설탕 2큰술
통깨 1큰술
매실 효소 2큰술
고춧가루 1큰술
레몬즙 1큰술

요리하기

1   오이는 깨끗이 씻어 어슷썰기 하여 채 썬다.
2   홍고추는 동그랗고 얇게 썰어 물에 한 번 헹군다.
3   분량대로 국물을 만들어 냉장고에 보관한다.
4   채 썬 오이에 국물을 붓고 홍고추를 넣어 상에 낸다. •청양고추 1개를 추가해도 된다.
5   간을 조금 세게 해서 얼음을 띄워 먹으면 좋다.

Tip   오이냉국은 국물을 미리 만들어 놓으면 조리하기 쉽습니다. 오이와 미역을 같이 넣어도 되고 미역만 넣어도 됩니다.

[오이]

오이백김치

재료
오이 10개
무 400g
미나리 300g
홍고추 4개
청고추 2개
청양고추 2개
소금 1큰술
설탕 1작은술

절임물
물 1L
소금 1컵
설탕 ½컵

김치 국물
물 2L
집간장 3큰술
소금
찹쌀 풀
(물 1컵+찹쌀 가루 2큰술)

요리하기

1. 오이는 깨끗이 문질러 씻어 양쪽 끝을 잘라 낸 후 가운데에 열십자(+)로 칼집을 내되 끝부분 2cm는 남겨 두어야 한다.
2. 무는 채 썰어 소금 1큰술과 설탕 1작은술을 넣어 절인다.
3. 고추는 씨를 털어 내고 채 썰어 물에 한 번 헹군다.
4. 미나리는 몇 줄 남기고 나머지는 3~4cm 길이로 잘라 놓는다.
5. 오이가 절여졌으면 무와 고추, 미나리를 섞어 속을 채운다.
6. 몇 줄 남겨 두었던 미나리 줄기를 데쳐서 속을 채운 오이 가운데를 가볍게 묶는다.
7. 분량의 김치 국물을 만든다.
8. 속을 넣은 오이를 용기에 차곡차곡 담은 후 김치 국물을 잘박하게 붓고 무거운 것으로 눌러 둔다.
9. 실온에서 하루 숙성시킨 다음 냉장 보관한다.

Tip 미나리가 부족하면 묶지 않고 통에 움직이지 않게 채우고 국물을 부으면 됩니다. 오이백김치가 익으면 국물이 시원하고 맛있습니다. 국수를 삶아서 국물에 말아 먹어도 좋습니다.

[오이]

오이간장무침

재료
오이 1개

양념장
양조간장 2큰술, 고춧가루 1큰술
식초 2큰술, 설탕 1큰술
통깨 1큰술

요리하기
1 오이는 동그랗게 썰어 놓는다.
2 분량의 양념장을 만들어 오이를 무친다.

Tip 오이간장무침은 미리 만들어 놓으면 오이에 간이 배어 더 맛있습니다.

[오이]

오이고추장무침

재료
오이 1개

양념장
고추장 2큰술, 올리고당 1큰술
고춧가루 1큰술, 통깨 1큰술
식초 1큰술, 소금 약간

요리하기
1. 오이는 0.6cm 두께로 동그랗게 썬다.
2. 나머지 재료를 섞어 양념장을 만들어 오이를 무친다.

Tip 오이고추장무침은 오이간장무침보다 신맛을 줄여야 맛있습니다. 신맛과 단맛은 기호에 따라 가감하세요.

[유부]

유부채소밥

재료

유부 5장
표고버섯 1개
양송이버섯 5개
무 300g
당근 조금
애호박 ¼개
집간장 1작은술
참기름 3큰술
불린 쌀 2컵
물

양념장

청·홍 고추 각 1개
양조간장 3큰술
집간장 1큰술
참기름 1큰술
통깨 1큰술
물 1큰술

요리하기

1. 유부는 끓는 물에 데쳐서 물기를 짠 다음 채 썰고, 버섯은 모양대로 썰어 놓는다.
2. 무와 당근, 호박은 채 썬다.
3. 냄비에 참기름 1큰술을 두르고 표고버섯과 유부를 넣어 집간장으로 간하여 볶다가 쌀과 채 썬 무와 당근을 넣어 골고루 섞고 물을 부어 밥을 짓는다. • 물은 쌀이 살짝 잠길 정도만 붓는다.
4. 센불에서 끓기 시작하면 중약불로 줄이고 중간에 한 번 골고루 뒤집어 준다.
5. 분량의 재료를 섞어 양념장을 만든다.
6. 밥물이 자작해지면 뜸불로 줄이고 뚜껑을 열어 애호박과 양송이버섯을 얹고 5분간 뜸을 들인다.
7. 양념장과 함께 상에 낸다.

Tip 여러 가지 재료가 섞인 영양밥입니다. 은행이나 견과류를 같이 넣어서 밥을 지어도 됩니다.

[유부]

유부초밥

재료

유부 15장
밥 2~3공기
울외장아찌 다진 것 1큰술
우엉조림 다진 것 1큰술
당근 다진 것 1큰술
소금
식용유
검은깨 약간

유부 조림장

물 1컵
다시마 3장
양조간장 1큰술
설탕 1큰술

배합초

식초 3큰술
설탕 1큰술
채수 1큰술

요리하기

1. 유부는 끓는 물에 데쳐서 기름기를 제거한 후 물에 여러 번 헹궈 물기를 꼭 짜고 삼각형으로 잘라 놓는다.
2. 밥을 고슬하게 지어 배합초와 골고루 섞어 둔다.
3. 냄비에 물을 붓고 다시마를 넣어 끓기 시작하면 다시마를 건져 낸 후 양조간장, 설탕, 유부를 넣고 천천히 간이 배어 들도록 약불에 5분간 조린다(유부가 너무 익으면 안 된다).
4. 울외장아찌와 우엉조림은 곱게 다진다.
5. 당근은 다져서 약간의 식용유와 소금을 넣고 볶는다.
6. 2의 밥에 준비된 재료를 넣어 고루 섞는다.
7. 유부의 물기를 적당히 제거한 뒤 잘라 낸 한쪽 끝을 벌려 밥을 채운다.

Tip 조미료가 들어가지 않은 유부초밥 만드는 방법입니다.

[유부]

유부주머니조림

재료

사각 유부 12장
두부 20g
배추 50g
표고버섯 2개
당면 1줌
미나리 12줄
소금 1작은술
참기름 1큰술
후추 약간

조림장

물 ½컵
양조간장 1큰술
설탕 1큰술

재료 준비

1. 유부는 끓는 물에 데쳐 물기를 짠 뒤 한쪽을 가위로 자르고 속을 벌려 둔다.
2. 두부는 으깨어 물기를 짜 놓는다.
3. 배추는 살짝 데쳐 다지고, 표고버섯도 다진다.
4. 당면은 찬물에 불려서 살짝 데친 다음 먹기 좋은 크기로 자른다.
5. 미나리는 줄기만 준비하여 데친다.

요리하기

1. 준비해 놓은 재료를 모두 섞어서 소금, 참기름, 후추를 넣고 골고루 버무려 소를 만든다(자투리 유부도 다져서 넣는다).
2. 유부에 소를 넣고 데친 미나리로 잘 묶어 유부주머니를 만든다.
3. 분량의 재료로 유부 조림장을 만든 후 유부주머니를 넣고 국물을 끼얹어 가면서 천천히 조린다.

Tip   유부주머니조림은 시간이 넉넉할 때 많이 만들어 냉동해 두고 먹을 수 있습니다. 전골 요리에 넣어 먹으면 좋습니다.

[청경채]

청경채무침

재료

청경채 5~6개
식초
소금 1큰술

양념

집간장 1큰술
소금 1작은술
설탕 ½큰술
식초 1큰술
깻가루 1큰술
참기름 ½작은술

요리하기

1. 청경채는 밑동을 잘라 내고 가닥가닥 떼어 씻은 다음 식초 물에 5분 정도 담가 놓는다.
2. 냄비에 물을 올려 끓기 시작하면 소금을 1큰술 넣고 청경채를 30초간 데친다.
3. 데친 청경채는 얼른 찬물에 헹궈 채반에 놓고 손으로 눌러 물기를 뺀다. • 너무 꼭 짜지 않아도 된다.
4. 먹기 좋은 크기로 잘라 분량의 양념을 넣어 조물조물 무친다.

[청경채]

청경채버섯볶음

재료

청경채 100g
표고버섯 3개
들기름 1큰술
양조간장 2큰술
물 조금
후추
통깨
소금

요리하기

1. 청경채는 밑동을 잘라 내고 큰 잎은 반으로 갈라 준비한다.
2. 표고버섯은 밑동을 잘라 모양대로 0.5cm 두께로 썬다.
3. 프라이팬에 들기름을 두르고 버섯을 볶는다. 중간에 간장과 물을 조금 넣는다.
4. 버섯이 다 볶아졌으면 청경채를 넣어 청경채가 부드러워질 때까지 볶는다.
5. 불을 끄고 후추와 통깨를 뿌리고 싱거우면 소금으로 간한다.

Tip 다른 버섯을 추가해도 됩니다.

[취나물]

취나물잡채

재료

당면 100g
부지깽이나물(취나물) 100g
청·홍 피망 ½개
참기름
소금
식용유

당면조림 양념

맛간장 1컵
설탕 1큰술
식용유 1큰술

잡채 양념

참기름
후추
통깨
양조간장

재료 준비

1. 당면은 찬물에 불려 적당한 길이로 자른다.
2. 취나물은 깨끗이 다듬어서 끓는 물에 소금을 조금 넣고 부드럽게 데친 후 찬물에 헹궈 물기를 꼭 짜고 참기름, 소금을 넣어 무쳐 놓는다.
3. 피망은 채 썬 다음 달구어진 프라이팬에 식용유를 조금만 두르고 소금을 살짝 뿌려 재빨리 볶는다.

요리하기

1. 오목한 팬에 맛간장, 설탕, 식용유를 넣어 끓기 시작하면 불린 당면을 넣고 면이 부드러워질 때까지 천천히 조린다.
2. 당면이 부드러워지면 취나물과 피망을 넣고 참기름과 후추, 통깨를 넣고 고루 섞어 버무린다.
3. 부족한 간은 양조간장으로 한다.

Tip   여러 가지 채소를 넣지 않고 취나물 향을 즐기며 먹는 음식입니다. 취나물 중에서도 부지깽이나물이 잡채와 잘 어울립니다.

[콩나물]

콩나물볶음

재료
콩나물 1봉지
양조간장 2큰술
고춧가루 1큰술
소금 약간
참기름 1큰술
통깨 1큰술

요리하기
1. 깨끗이 씻은 콩나물을 냄비에 넣고 뚜껑을 닫아 약불에서 무수분 조리를 한다.
2. 콩나물이 익은 냄새가 나면 뚜껑을 열고 양조간장, 고춧가루를 넣어 5분 정도 볶는다.
3. 싱거우면 소금으로 간한 후 불을 끄고 참기름, 통깨를 넣는다.

Tip 물 없이 콩나물을 익혀서 볶으면 삶아서 무치는 것보다 더 아삭한 맛을 즐길 수 있습니다.

[콩나물]

콩나물장떡

재료
콩나물 1봉지
고추장 2큰술
물 ½컵
밀가루 1컵
식용유
소금

요리하기

1 콩나물은 다듬어 씻은 후 비린내가 가실 정도만 살짝 삶아서 1cm 길이로 다지듯이 썰어 놓는다.

2 물에 고추장을 푼 다음 밀가루를 넣어 되직하게 반죽한다. 싱거우면 소금으로 간한다.

3 반죽에 콩나물을 넣고 잘 섞은 후 프라이팬에 식용유를 두르고 한 숟가락씩 떠 넣어 전을 부친다.

Tip 콩나물장떡은 미리 반죽해 놓으면 안 됩니다. 콩나물에서 물이 나와 질어지기 때문이지요. 되직하게 반죽해서 바로 부쳐야 합니다.

[콩나물]

콩나물표고버섯찜

재료

콩나물(찜용) 1봉지
표고버섯 3~4개
미나리 100g
홍고추 1개
소금
후추
참기름
식용유
물 ½컵

찜 양념장

찹쌀가루 2큰술
물 ½컵
고춧가루 3큰술
집간장 1큰술

재료 준비

1. 콩나물은 머리와 꼬리를 다듬어 씻은 다음 끓는 물에 비린내를 없앨 정도로 삶아 찬물에 헹군다.
2. 표고버섯은 밑동을 잘라 내고 모양대로 채 썬다.
3. 미나리는 줄기만 손질하여 3cm 길이로 자르고 홍고추는 어슷썰기 한다.
4. 준비된 분량대로 찜 양념장을 만들어 놓는다.

요리하기

1. 달구어진 프라이팬에 식용유를 두르고 표고버섯을 볶다가 물을 조금만 넣고 살짝 볶은 후 충분히 익으면 남은 물을 붓는다.
2. 물이 끓기 시작하면 준비해 둔 찜 양념장을 넣어 서로 어우러지게 섞은 다음 콩나물과 미나리를 넣어 미나리의 숨이 죽을 정도만 더 볶고 싱거우면 소금으로 간한다.
3. 불을 끄고 후추와 참기름을 넣어 마무리한다.

Tip 콩나물은 너무 많이 익히면 식감이 떨어집니다.

[콩나물]

콩나물잡채

재료
당면 100g
콩나물 150g
표고버섯 2개
느타리버섯 50g
당근 50g
청고추 2개
홍고추 ½개
식용유
소금

양념
고춧가루 ½큰술
양조간장 1작은술
참기름
통깨
후추

당면 조림장
맛간장 1컵
설탕 1큰술
식용유 1큰술

요리하기
1. 당면은 찬물에 1시간 불린다.
2. 콩나물은 깨끗이 씻어 끓는 물에 소금을 조금 넣고 비린내가 가실 정도만 익힌 후 찬물에 헹궈 체에 밭쳐 놓는다.
3. 표고버섯은 모양대로 채 썰고 청·홍 고추도 길이로 채 썬다.
4. 느타리버섯은 데친 후 잘게 찢고 당근은 채 썬다.
5. 각각의 재료를 프라이팬에 식용유를 두르고 따로 볶는다.
6. 조림장에 당면을 넣어 볶는다.
7. 당면이 충분히 익으면 재료를 전부 섞어 고춧가루, 참기름, 통깨, 후추를 넣어 버무리고 간은 양조간장으로 한다.

Tip 재료를 볶을 때 각각 볶는 것이 번거로우면 잘 익지 않는 재료부터 넣어서 같이 볶아도 됩니다. 콩나물잡채는 고춧가루를 넣어 콩나물의 아삭한 식감을 즐길 수 있는 색다른 잡채입니다.

[콩나물]

콩나물김치죽

재료

콩나물 100g
배추김치 100g
밥 1공기
채수 4~5컵
소금

요리하기

1 콩나물은 깨끗이 씻고, 김치는 쫑쫑 썬다.
2 냄비에 김치를 넣고 채수를 부어 끓인다.
3 김치가 살짝 익었을 때 밥을 넣는다.
4 한소끔 끓여 밥알이 부드럽게 퍼지면 콩나물을 넣고 다시 한 번 끓인다.
5 싱거우면 소금으로 간하여 낸다.

Tip 콩나물김치죽은 콩나물갱죽이라고도 합니다. 절에서 찬밥이 많이 남으면 이렇게 김치와 콩나물을 넣고 죽을 끓여 먹습니다.

[콩나물]

콩나물비빔국수

재료

콩나물 ½봉지
당근 50g
오이 ½개
양배추 2장
깻잎 50g
상추 50g
소면 3인분
참기름
소금

비빔장

고추장 3~4큰술
설탕 1큰술
식초 1큰술
사과 간 것 ½컵
올리고당 1큰술
양조간장 1큰술
참기름 1큰술
매실 효소 1큰술
통깨

요리하기

1 콩나물은 끓는 물에 소금을 조금 넣고 비린내만 가실 정도로 삶아 얼른 찬물에 헹궈 낸 후 참기름, 소금으로 밑간한다.
2 당근, 오이, 양배추, 깻잎, 상추는 곱게 채 썬다.
3 분량의 양념으로 비빔장을 만들어 놓는다. •신맛과 단맛은 기호에 맞추어 가감해도 좋다. 싱거우면 소금으로 간한다.
4 소면을 삶아 그릇에 담고 재료를 색스럽게 얹어 비빔장을 넉넉히 끼얹어 낸다.

Tip 비빔장은 국수나 냉면 등 비빔면에 아주 잘 어울립니다. 쫄면에 넣어도 맛있습니다. 사과를 갈아서 건더기까지 같이 넣어 주세요. 하루 정도 냉장고에서 숙성시키면 더 맛있습니다.

김치
장아찌

[김치]

김장김치

재료

절임배추 20kg
1박스(8~9포기)
무 5개(20kg)
갓 200g
늙은 호박 500g
생강 50g
마른 청각 200g
고춧가루 1.5kg
집간장 2컵
소금
채수 1리터 정도
매실청 2컵

찹쌀 풀

찹쌀가루 8큰술+물 1리터

재료 준비

1. 절임배추를 꺼내어 소쿠리에 물이 빠지게 담아 둔다.
2. 무는 채 썬다.
3. 갓은 굵은 것은 갈라 1cm 길이로 썬다.
4. 늙은 호박은 껍질과 씨를 제거하고 잘게 잘라 물 2리터를 넣고 호박이 무를 정도로 달인 다음 소쿠리에 밭쳐 맑은 물을 받는다.
5. 생강은 채수를 조금 붓고 믹서에 간다.
6. 청각은 물에 불려 깨끗이 씻어서 곱게 다진다.

요리하기

1. 찹쌀풀을 쑤어 식기 전에 고춧가루를 갠다.
2. 호박 달인 물을 부어서 농도를 조절한다.
3. 고춧가루가 어느 정도 불었으면 무를 먼저 고춧가루에 빨갛게 물을 들이고 10분 정도 두었다가 갓과 청각, 생강즙, 집간장, 매실청을 넣고 소금으로 간하여 속을 버무린다.
4. 물이 충분히 빠진 배추에 속을 골고루 넣어 마무리한다.
5. 속을 버무린 그릇에 채수를 부어 집간장으로 간을 맞춰 김치 담은 통에 조금씩 붓는다.

Tip 오신채가 들어가지 않아 더 맛있는 사찰김장입니다. 늙은 호박을 삶아 그 물을 넣으면 시원한 맛이 납니다.

[김치]

얼갈이배추김치

재료

얼갈이배추 1단
배 1개
홍고추 5개
생강 1개

양념

굵은 소금
집간장 3큰술
고춧가루 ½컵
소금 2큰술
찹쌀 풀 1컵
매실 효소 2큰술

찹쌀 풀

찹쌀가루 2큰술
채수 1컵

요리하기

1. 얼갈이배추는 반으로 갈라 깨끗이 씻은 다음 줄기 부분에 굵은 소금을 뿌려 1시간 정도 절인다.
2. 분량의 찹쌀 풀을 쑤어 식힌다.
3. 강판에 배를 갈아 즙을 내고 꼭 짠 다음 믹서에 배즙, 홍고추, 생강을 넣어 갈아 준다.
4. 찹쌀 풀이 식으면 3과 나머지 양념을 전부 넣어 섞는다. 색깔을 내기 위해 고춧가루는 적당히 넣어 준다. •단맛을 내고 싶으면 매실 효소를 넣는다.
5. 절인 배추를 물에 헹구고 양념을 발라 용기에 차곡차곡 담는다.

Tip 얼갈이김치는 자르지 않고 담가서 상에 낼 때 먹기 좋게 잘라 내면 됩니다. 끝까지 정갈하게 먹을 수 있는 김치입니다.

[김치]

양배추롤김치

재료
양배추 잎 6장
오이 ½개
당근 50g
무 100g
소금

양념장
고춧가루 3큰술
생강즙 1작은술
설탕 1작은술
통깨 1큰술
집간장 1큰술
소금

재료 준비
1 양배추는 겉의 큰 잎을 하나씩 벗겨 끓는 물에 숨이 죽을 정도만 살짝 데친다.
2 오이는 소금으로 문질러 씻어 돌기를 제거하고 4cm 길이로 자른 후 돌려깎기 하여 채 썬 것을 소금에 살짝 절여 놓는다.
3 당근과 무는 오이와 같은 크기로 채 썰어 따로 절여 둔다.
4 절여 놓은 재료들은 체에 밭쳐 손으로 살짝 눌러 물기를 뺀다.

요리하기
1 양배추를 제외한 채소들을 분량의 양념장에 버무려 김칫소를 만든다.
2 양배추 잎을 넓게 펴서 소를 가지런히 놓은 뒤 김밥 말듯이 돌돌 말아 준다.
3 완성된 양배추롤김치를 한입 크기로 썰어 보기 좋게 담아 낸다.

[김치]

고구마줄기김치

재료
고구마줄기 300g

양념
고춧가루 4큰술
생강즙 1작은술
집간장 2큰술
채수 ½컵
매실 효소 3큰술
소금
통깨

찹쌀 풀
찹쌀가루 1큰술
물 2큰술

요리하기
1. 고구마줄기는 껍질을 벗기고 살짝 삶아서 먹기 좋은 크기로 썬다.
2. 찹쌀 풀에 준비한 양념 재료를 섞는다.
3. 삶은 고구마줄기와 준비된 양념을 넣고 소금으로 간하여 버무린다.

Tip 여름에 먹는 제철음식입니다. 볶아서 먹는 고구마줄기보다 아삭한 식감이 좋습니다.

[김치]

열무물김치

재료

열무 1단
얼갈이배추 1단
굵은 소금 1컵
물 1L

양념

홍고추 10개
생강 1개(1작은술 크기)
배 1개
물 2L
집간장 5큰술
고춧가루 ½컵
소금 4큰술
설탕 3큰술
보릿가루 풀 2컵

보릿가루 풀

보릿가루 3큰술
물 3컵

재료 준비

1. 물 3컵에 보릿가루를 풀어 약불에 풀을 쑤어 식힌다.
2. 열무와 얼갈이배추는 누런 잎을 떼고 5~6cm 길이로 잘라 흐르는 물에 두세 번 씻는다. •손이 너무 많이 닿으면 풋내가 나니 살살 씻는다.
3. 넓은 볼에 씻어 놓은 열무와 얼갈이배추를 조금씩 넣으면서 소금을 뿌려 1시간 정도 절인다. 이때 중간에 한 번 뒤집어 준다.
4. 열무와 얼갈이배추가 절여졌으면 살살 흔들어 두 번 정도 씻어 소쿠리에 담아 물을 뺀다.

요리하기

1. 믹서에 홍고추, 생강, 배를 넣고 간다.
2. 물 2L를 큰 그릇에 담고 보릿가루 풀과 준비된 양념을 넣어 골고루 섞는다.
3. 보관용기에 열무와 얼갈이배추를 한 줌씩 넣고 국물 한 번 붓는 순서로 켜켜이 담는다.
4. 하루 정도 숙성시킨 후 냉장고에 넣는다.
5. 싱거우면 다음 날 국물만 떠서 소금을 녹인 후 다시 부어 간을 맞춘다.

Tip 여름 물김치는 보릿가루 풀을 쓰면 찹쌀 풀로 만들 때보다 더 시원한 맛이 납니다.

[김치]

풋고추김치

재료
풋고추 20개
무 200g
미나리 1줌
소금

양념
고춧가루 4큰술
소금
집간장 1큰술
매실 효소 1큰술
물 1컵

재료 준비
1. 풋고추는 꼭지를 1cm만 남기고 자른 후 한쪽에 길게 칼집을 내어 소금물에 1시간 정도 절인다.
2. 무는 곱게 채 썬다.
3. 미나리는 잎을 떼어 내고 줄기만 4~5cm 길이로 자른다.

요리하기
1. 무와 미나리에 고춧가루와 소금, 집간장, 매실 효소를 넣고 김칫소를 만든다.
2. 살짝 절인 고추에 준비된 소를 넣어서 용기에 차곡차곡 담는다.
3. 소를 담았던 그릇에 물을 부어 그릇을 헹구고 집간장으로 간을 맞춘 뒤 고추김치 용기에 붓는다.
4. 하루 정도 두었다 먹는다.

Tip 김칫소에 오이나 배 등을 같이 넣어도 맛있습니다.

[김치]

토마토물김치

재료
오이 ½개
토마토(小) 3개
무 100g
홍고추 1개

양념
물 4컵
고춧가루 약간
설탕 2큰술
식초 2큰술
매실 효소 1큰술
소금 1작은술

요리하기
1. 오이는 모양대로 동그랗게 얇게 썰고 토마토도 오이와 비슷한 크기로 썬다.
2. 무는 나박썰기 한 다음 소금에 살짝 절인다.
3. 홍고추는 동그랗게 썬 다음 물에 한 번 헹군다.
4. 베보자기로 고춧가루를 싼 후 물에 넣고 주물러 색을 내고 양념 재료로 새콤달콤하게 간을 맞춘다.
5. 무가 절여졌으면 헹궈 물을 제거하고 모든 재료를 넣어 간을 맞춘다.

[김치]

청경채물김치

재료

청경채 25~30개
굵은소금
무 100g
소금
집간장 1큰술
물 2L
찹쌀 풀
(찹쌀가루 2큰술+채수 2컵)

양념

홍고추 3개
청양고추 1개
배 ½개
생강 1개
물 1컵
매실 효소 2큰술

요리하기

1. 청경채는 줄기 부분만 굵은소금을 뿌려 절인 후 숨이 죽으면 씻어서 물기를 뺀다.
2. 양념은 전부 믹서에 넣고 간다.
3. 물이 빠진 청경채는 먹기 좋은 크기로 잘라서 통에 차곡차곡 담고 중간에 무를 얇게 썰어서 넣는다.
4. 물과 찹쌀 풀을 섞어 집간장을 넣고 소금으로 간을 한 뒤 믹서에 갈아 놓은 양념을 체에 밭쳐 국물과 섞는다.
5. 청경채를 담은 통에 국물을 붓고 체에 남은 건더기를 조금만 넣는다.

Tip   숙성시켜서 먹으면 국물이 굉장히 시원하고 맛있는 물김치가 됩니다. 국수 장국으로 활용하면 좋습니다.

[김치]

장김치

재료
무 300g
배추 ½통
갓 1줌
미나리 30g
배 ½개
대추 2개
생강 5g
표고버섯 2개
밤 100g
단감 1개
잣 1큰술
집간장

양념
홍고추 3개
고춧가루 약간
집간장 1컵
설탕 2큰술
물 1.8L

재료 준비
1. 무는 껍질을 벗기고 나박썰기 하고 배추도 나박썰기 하여 집간장을 넣고 절인다.
2. 갓은 두꺼운 부분은 포를 뜨고 3cm 길이로 자르고 미나리도 줄기만 3cm로 자른다.
3. 배는 껍질을 벗겨 무 크기로 자르고, 대추는 채 썰고 생강도 편으로 썰어 채 썬다.
4. 표고버섯도 채 썰고 밤은 껍질을 깎아 편으로 채 썬다.
5. 단감은 껍질을 벗겨 무와 비슷한 크기로 썰고 잣은 고깔을 떼어 내고 젖은 행주로 닦는다.

요리하기
1. 절인 무와 배추는 씻지 말고 건져내고 홍고추를 믹서에 넣고 갈아서 절임 물에 고춧가루를 조금 섞어 양념 물을 만든다.
2. 큰 그릇에 물과 나머지 양념 재료를 담고 1의 양념을 체에 거른 뒤 부어서 색을 낸다.
3. 준비된 재료를 전부 섞고 국물을 붓는다.

Tip 장김치는 고춧가루가 우리나라에 들어오기 전부터 먹던 전통 김치입니다. 색깔과 상관없이 숙성시키면 깔끔한 맛이 나는 독특한 김치입니다. 매운맛에 익숙하지 않은 외국인들이 특히 좋아하지요.

[장아찌]

채소피클

재료

무 200g
적양배추 150g
오이 1개
청양고추 3개
피클링스파이스 1큰술
레몬 2~3쪽
굵은소금 1큰술

피클 물

물:설탕:식초=2:1:1
소금

요리하기

1 모든 채소는 깨끗이 씻어서 적당한 크기로 썰고, 굵은소금을 뿌려 절인다. 10~20분 후에 물에 씻고 소쿠리에 밭쳐 물기를 뺀다.
2 물, 설탕, 식초를 비율에 맞춰 섞은 다음 젓지 않고 끓이다 설탕이 녹으면 소금과 피클링스파이스를 넣고 다시 한 번 끓인다.
3 물기 빠진 채소를 용기에 담고 끓인 피클 물을 식히지 않고 바로 붓고 레몬을 얇게 썰어 넣는다.
4 다음 날부터 바로 먹을 수 있다.

Tip 집에 있는 자투리 채소들을 전부 활용해도 됩니다. 파프리카나 당근, 브로콜리 등을 넣어도 좋지요.

[장아찌]

두부장아찌

재료
두부(大) 1모
소금
식용유

절임장
물 2컵
양조간장 ½컵
마른 표고버섯 3개
다시마 1장
설탕 1큰술

요리하기
1. 두부는 1cm 두께로 썰어서 소금을 뿌려 두었다가 노릇하게 굽는다.
2. 분량의 절임장 재료를 냄비에 넣고 한소끔 끓인다.
3. 불린 표고버섯과 다시마는 채 썰어 고명으로 쓴다.
4. 용기에 두부를 담고 채 썬 고명과 절임장을 붓는다.
5. 하루 정도 지난 후 먹기 좋은 크기로 썰어 낸다.

Tip 사찰에서는 아침에 주로 죽을 먹습니다. 죽과 잘 어울리는 반찬이 두부장아찌입니다.

[장아찌]

셀러리장아찌

재료

셀러리 1대

절임장

양조간장 1컵
설탕 1컵
식초 1컵

요리하기

1. 깨끗이 씻은 셀러리는 껍질이 두꺼우면 살짝 벗겨내고 5~6cm 길이로 막대썰기 한다.
2. 분량의 절임장을 냄비에 넣어 젓지 말고 설탕이 녹을 정도만 끓인다.
3. 셀러리를 용기에 담고 절임장이 한 김 나가면 붓는다.

[장아찌]

채소장아찌

재료
오이 2개
무 500g
셀러리 1대
소금 약간
마른 고추 3~4개

절임장
양조간장 1컵
설탕 1컵
식초 1컵

재료 준비
1. 오이는 5cm 길이로 잘라서 4등분한 뒤 씨 부분을 잘라 낸다.
2. 무는 5cm 길이로 막대썰기 한다.
3. 셀러리도 깨끗이 씻어 줄기만 5cm 길이로 막대썰기 한다.

요리하기
1. 절임장 재료에 마른 고추를 잘라 넣은 후 젓지 말고 설탕이 녹을 정도만 끓인다.
2. 세 가지 채소를 잘 섞어 용기에 담은 다음 한 김 나간 절임장을 체에 받쳐 붓는다.
3. 사흘 후에 절임장만 따라 내어 다시 한 번 끓여 식힌 후 붓는다.

Tip 절임장을 끓일 때는 젓지 말고 시럽처럼 끓여야 장이 맛있습니다.

[장아찌]

고추장아찌

재료

풋고추 500g
청양고추 200g

절임장

양조간장 3컵
설탕 2컵
식초 3컵

요리하기

1. 고추는 깨끗이 씻어 물기를 말리고 꼭지는 1cm만 남기고 자른다.
2. 고추의 뾰족한 끝을 조금 잘라 준다.
3. 풋고추와 청양고추를 섞어서 용기에 차곡차곡 담는다.
4. 절임장 재료는 젓지 말고 설탕이 녹을 때까지 끓인 후 뜨거운 김이 나가면 고추를 담은 용기에 붓는다.
5. 고추가 간장 위로 뜨지 않도록 무거운 것으로 눌러 둔다.
6. 3~4일 지난 후 절임장만 따라 내어 한 번 끓여서 식힌 후에 붓는다.
7. 냉장 보관하면서 일주일 후면 먹을 수 있다.

죽

[죽]

흑임자죽

재료

쌀 ½컵
검은깨 ½컵
참깨 약간
물 4컵
소금

요리하기

1. 쌀은 씻어서 미리 물에 불려 놓는다.
2. 분량의 검은깨와 참깨를 믹서에 곱게 간다.
3. 불린 쌀과 물을 1:8의 비율로 냄비에 넣고 쌀이 퍼질 때까지 약한 불에 천천히 저으면서 끓인다.
4. 쌀이 충분히 퍼지면 2의 깨를 넣고 한소끔 더 끓인 후 소금으로 간한다.

Tip 흑임자죽을 먹고는 웃지 말라는 말이 있지요. 색깔 때문에 자칫하면 우스꽝스러울 수도 있어서입니다. 어두운 빛깔이지만 죽 중에서도 고소한 맛이 일품인 아주 맛있는 죽이랍니다.

[죽]

감자타락죽

재료

감자 1개
우유 1컵
찹쌀가루 5큰술
들기름 또는 참기름 2큰술
물
소금

요리하기

1. 감자는 껍질을 벗겨 1cm 크기의 주사위 모양으로 썬 후 물에 헹궈 전분을 뺀다.
2. 우유에 찹쌀가루를 풀어 놓는다.
3. 냄비에 들기름 또는 참기름을 두르고 감자를 볶다가 투명해지면 찹쌀가루 섞은 우유를 붓고 저어 가며 끓인다.
4. 너무 되직하면 물을 조금씩 넣어 농도를 맞춘다.
5. 마지막으로 소금으로 간한다.

Tip   부드러운 맛의 감자타락죽은 이유식으로도 아주 좋습니다.

[죽]

아욱죽

재료
아욱 100g
쌀 ½컵
된장 3큰술
채수 5~6컵
소금
참기름 1큰술

재료 준비
1. 아욱은 줄기 부분의 껍질을 벗기고 적당한 크기로 손질하여 바락바락 주물러 씻어 풋내를 뺀다.
2. 쌀은 씻어서 미리 물에 불려 둔다.
3. 된장은 체에 걸러서 덩어리 없이 곱게 채수에 푼 후 국물을 넉넉히 만들어 둔다.

요리하기
1. 냄비를 달구어 참기름을 두르고 약한 불에서 쌀이 노릇노릇해질 때까지 된장 국물을 조금씩 부으면서 볶는다.
2. 볶아 놓은 쌀에 남은 된장 국물을 붓고 서서히 끓인다.
3. 쌀이 반쯤 익었을 때 아욱을 넣어 약한 불에서 충분히 끓인다.

Tip 가을 아욱국은 문 걸어 놓고 먹는다고 할 정도로 맛이 있습니다. 단단한 줄기 부분은 껍질을 벗기면서 잘라 내고 손으로 치대어 푸른 물을 빼야 합니다. 이것은 풋내를 제거하기 위해서입니다.

[죽]

녹두죽

재료
녹두 ½컵
쌀 ½컵
참기름 1큰술
물 3½컵
소금

재료 준비
1 녹두는 미리 물에 불려서 껍질을 벗긴 다음 믹서에 거칠게 갈아 놓는다. •녹두는 너무 곱지 않게 갈아야 고소하고 씹는 맛이 있다.
2 쌀은 씻어서 미리 물에 불려 놓는다.

요리하기
1 쌀을 냄비에 담고 참기름을 약간 넣어 물을 조금씩 부으면서 볶는다.
2 노릇노릇하게 볶아지면 쌀의 7배로 물을 붓고 쌀이 퍼질 때까지 약한 불에 천천히 저으면서 되직하게 끓인다. •갈아 놓은 녹두를 넣으면 농도가 묽어질 것을 감안하여 약간 되직하게 끓이는 것이다.
3 쌀이 다 퍼지면 약간의 소금과 갈아 놓은 녹두를 넣고 녹두가 익을 정도로 더 끓인다.
4 소금으로 간하여 마무리한다.

Tip 녹두의 껍질 벗기는 것이 번거로우면 그냥 갈아도 됩니다. 녹두는 해독 작용이 뛰어난 식품입니다. 오염된 지구 환경 속에 살고 있는 현대인들이 많이 먹어야 하는 식품이지요.

[죽]

마죽

재료

마 300g
찹쌀 ½컵
잣 50g
물 2½컵
소금

요리하기

1. 마는 껍질을 벗겨 강판에 갈아 놓는다.
2. 찹쌀은 1시간 정도 불린 다음 믹서에 갈아 5배의 물을 붓고 눋지 않고 퍼지도록 죽을 쑨다.
3. 잣도 믹서에 물을 조금 붓고 갈아서 준비한다.
4. 찹쌀이 부드럽게 퍼지면 강판에 갈아 놓은 마를 넣고 다시 한소끔 끓인다.
5. 마지막에 갈아 둔 잣을 넣고 끓인 후 소금으로 간한다.

Tip 마는 별다른 맛이 없는 식품이기 때문에 잣이 들어가면 고소합니다. 잣의 양을 늘려도 괜찮고 물 대신 우유로 타락죽을 만들어도 좋습니다.

[죽]

현미땅콩죽

재료

현미찹쌀 ½컵
생땅콩 ½컵
채수 6컵
소금 1작은술
물

요리하기

1. 현미찹쌀은 전날 불려 두었다가 믹서에 넣어 곱게 간다.
2. 냄비에 물을 넣고 끓으면 땅콩을 넣어 5분 정도 삶아 건진 후 땅콩 껍질을 벗겨 채수 1컵과 함께 곱게 간다.
3. 냄비에 1의 현미찹쌀과 채수 5컵을 넣고 센불에 올려 끓인다. 끓어 오르면 중불로 줄여 뭉근하게 끓인다.
4. 현미찹쌀이 퍼질 때까지 바닥에 눈지 않도록 나무 주걱으로 저어 준다.
5. 죽이 잘 퍼져 적당한 농도가 되면 갈아 놓은 땅콩을 넣고 한소끔 끓인 후 소금으로 간하여 그릇에 담아 낸다.

Tip 현미찹쌀은 갈지 않고 끓여도 됩니다. 대신 현미가 푹 퍼지도록 끓여 주세요.

[죽]

단호박두부죽

재료

단호박 ½쪽
두부 ⅓모
밤 5개
두유 ½컵
우유 ½컵
물
소금

요리하기

1. 단호박은 껍질을 벗긴 후 찜기에 무르게 찐다.
2. 두부는 물기를 완전히 제거하고 고명으로 올릴 두부만 작은 사각형 모양으로 잘라 몇 개 준비한다.
3. 밤은 삶아서 속을 파낸다.
4. 믹서에 단호박, 두부, 밤, 두유, 우유를 넣고 곱게 간다.
5. 냄비에 4에서 갈아 놓은 재료를 부어 끓인다. 되직하면 물을 조금씩 부어 가면서 농도를 맞춘다.
6. 마지막으로 소금 간하고 고명으로 두부를 올려 완성한다.

Tip 이유식으로도 좋습니다. 두부를 많이 넣게 되면 텁텁한 맛이 납니다.

[죽]

호박범벅

재료

늙은 호박 300g
팥 1컵
찹쌀가루 2컵
소금
설탕

요리하기

1. 호박은 속을 파내고 껍질을 벗겨 적당한 크기로 썰어서 호박이 잠길 만큼 물을 붓고 무르도록 삶는다.
2. 팥은 한 번 끓여 첫물을 따라 버리고 다시 물을 부어 손가락으로 눌러 으깨질 정도로 삶는다.
3. 무르게 삶아진 호박은 주걱으로 건져 으깨거나 갈아서 준비한다.
4. 호박 삶은 물에 간 호박을 넣고 끓기 시작하면 팥을 넣는다. 찹쌀가루를 살살 뿌리듯이 넣으면서 농도를 맞춘다.
5. 재료들이 잘 어우러지도록 끓인 다음 소금으로 간한다. 기호에 따라 설탕을 넣어도 된다.

Tip 호박범벅은 사찰에서 겨울에 먹는 별미입니다. 일반 호박죽과 달리 팥과 찹쌀가루가 들어가기 때문에 건강에 더 좋은 죽입니다.

특별한
음식

[특별한 음식]

수삼냉채

재료
수삼 1뿌리
오이 ½개
대추 4~5개
셀러리 12cm
배 ¼개

소스
유자청 2큰술
소금 약간

요리하기
1. 수삼은 머리와 뿌리를 잘라 내고 길이로 곱게 채 썬다.
2. 오이는 2등분하여 돌려깎기 하여 채 썬다.
3. 셀러리는 6cm 길이로 채 썰고 배도 채 썬다.
4. 유자청을 다져서 소금 간하고, 준비된 재료를 버무려 낸다.

Tip 수삼의 잔뿌리는 쓴맛이 많이 나니 쓰지 않습니다. 재료를 준비해 놓았다가 상에 올리기 직전에 버무려야 합니다. 미리 만들어 두면 물이 생깁니다.

[특별한 음식]

가지새싹전

재료
가지 2개
새싹 1줌
밀가루 2큰술
식용유

겨자 소스
연겨자 2큰술
설탕 2큰술
식초 2큰술
소금 1작은술
양조간장 1작은술
참기름 1작은술
레몬즙 1작은술
꿀 1작은술
(만드는 법은 18p 참고)

요리하기
1. 가지는 양 끝을 조금씩 잘라 내고 0.5cm 두께로 길고 얇게 썬다.
2. 새싹은 손으로 털듯 골고루 섞어 흐르는 물에 씻는다.
3. 밀가루를 약간 묽게 반죽하여 가지에 옷을 입힌다.
4. 프라이팬에 식용유를 두르고 중약불에서 전을 지진다.
5. 가지가 식으면 새싹을 넣어 김밥처럼 둥글게 싼다.
6. 겨자 소스를 곁들여 낸다.

Tip 가지는 구부러지지 않고 곧은 것으로 준비해야 모양이 예쁘게 나옵니다. 새싹은 너무 많이 넣으면 풋내가 나니 적당히 넣어 주세요.

[특별한 음식]

두유버섯전

재료

표고버섯 2개
양송이버섯 3~4개
느타리버섯 1줌
시금치 100g
청양고추 1개
밀가루 1컵
두유 1컵
물 약간
소금 약간
초간장

요리하기

1. 표고버섯과 양송이버섯은 다지듯이 잘게 썰고, 느타리버섯은 가늘게 찢어 다진다.
2. 시금치도 다듬어 잘게 다지고 청양고추도 다진다.
3. 재료를 전부 섞어 밀가루와 두유를 넣고 반죽한다.
4. 반죽이 되직하면 물을 넣어 농도를 조절하고 소금 간한다.
5. 프라이팬에 식용유를 두르고 반죽을 한 숟가락씩 떠서 전을 지진다.
6. 다 부쳐진 전은 초간장과 함께 낸다.

Tip 두유로 반죽해서 고소한 맛이 납니다. 두유는 분량보다 더 넣지 말고 되직하면 물이나 채수로 농도를 맞추어야 합니다.

[특별한 음식]

표고버섯탕수이

재료
마른 표고버섯 10개
청·홍·황 파프리카 각 ¼개
참기름 1큰술
소금 약간
후추 약간

소스
물 2큰술+감자 전분 1큰술
매실 효소 ½컵
채수 ½컵
양조간장 1큰술

재료 준비
1 표고버섯은 깨끗이 씻어 미리 미지근한 물에 불려 놓는다.
2 파프리카는 표고버섯과 비슷한 크기로 썰어 놓는다.
3 불린 표고버섯의 밑동을 떼고 물기를 꼭 짜서 먹기 좋은 크기로 자른 후 참기름, 소금, 후추로 밑간한다.
4 감자 전분 1큰술을 물 2큰술에 풀어 전분 물을 미리 준비해 둔다.

요리하기
1 밑간해 두었던 표고버섯을 감자 전분만 입혀서 튀긴다.
2 매실 효소와 물, 양조간장을 냄비에 부어 끓기 시작하면 전분 물을 넣어 걸쭉하게 소스를 만든다.
3 소스가 끓기 시작하면 준비해 놓은 채소를 넣고 뒤적거려 불을 끈다.
4 튀겨 놓은 표고버섯에 소스를 붓고 골고루 섞어 낸다.

Tip 표고버섯은 두 번 튀겨야 바삭하게 됩니다.

[특별한 음식]

채소말이색초밥

재료

오이 1개
당근 3cm×20cm 10개
무 3cm×20cm 10개
마른 표고버섯 1개
쌀
단무지 10g
매실장아찌 20g
양조간장 1작은술
설탕 1작은술
소금
식용유
고추냉이

배합초

식초 5큰술
설탕 5큰술
소금 1작은술

재료 준비

1. 오이는 소금으로 문질러 씻고, 당근과 무는 껍질을 벗겨 씻는다.
2. 배합초 재료를 냄비에 넣고 설탕이 녹을 때까지 저어 가며 끓인 뒤 불을 끄고 식힌다.
3. 필러로 오이, 당근, 무를 3cm 넓이, 10cm 길이로 길게 저며 배합초에 10분 정도 담가 놓는다. •배합초는 조금 남겨 둔다.
4. 표고버섯은 물에 불렸다가 살짝 삶아 얇게 포를 떠서 잘게 다진 후 간장과 설탕으로 밑간을 한다.
5. 단무지와 매실장아찌도 잘게 다진다. •초밥 고명은 기호에 따라 다양한 채소로 자유롭게 준비해도 좋다(예: 무장아찌, 고추장아찌, 가죽장아찌).

요리하기

1. 밑간한 표고버섯을 달궈진 프라이팬에 식용유를 두르고 볶는다.
2. 밥을 고슬고슬하게 지어 뜨거울 때 남은 배합초를 조금씩 넣어 가며 약간 질 정도로 섞는다. •밥이 식으면서 배합초가 밥알에 스며들어 고슬고슬해지는데 검은깨를 조금 섞으면 색감이 훨씬 좋다.
3. 배합초에 담가 두었던 오이, 당근, 무를 건져 물기를 제거하고, 밥을 조금씩 덜어 손으로 뭉친 후 채소로 돌돌 말아 초밥을 만든다.
4. 초밥 위에 고명을 올린다(위에 올리는 고명은 기호에 따라 각각 다른 것을 올려도 된다).

[특별한 음식]

냉잡채

재료
당면 100g
양배추 잎 1장
적양배추 잎(大) 2장
오이 ½개
상추·깻잎 각 5장
식용유 약간

당면 양념
식용유 ½큰술
맛간장 ½컵
설탕 ½큰술

소스
겨자 1큰술
레몬즙 2큰술
설탕 2큰술
배즙 2큰술
양조간장 2큰술
소금 약간

요리하기
1 당면은 찬물에 가지런히 넣어 미리 불려 놓는다.
2 양배추, 적양배추, 오이, 상추, 깻잎은 채 썰어 준비한다.
3 프라이팬을 달구어 식용유를 두르고 맛간장과 설탕을 넣어 끓이다 바로 당면을 넣고 잘 볶는다.
4 소스 재료를 잘 섞어 냉잡채 소스를 만든다.
5 큰 접시에 손질한 재료를 돌려 담고 소스를 담아낸다.

Tip 여름에 시원하게 먹을 수 있는 잡채입니다. 소스가 맛있습니다.

[특별한 음식]

나물쌈밥

재료
곰취 10장

쌈된장 재료
된장 2큰술
들기름 2큰술
올리고당 1큰술

요리하기

1 곰취 잎은 깨끗이 씻어 데친다. •양배추, 깻잎, 케일, 머위 등 계절과 취향에 따라 다양한 잎을 활용해도 좋다.
2 쌈된장 재료를 약한 불에 타지 않게 볶는다.
3 잎에 쌈된장을 조금씩 발라서 쌈을 싸거나 쌈 위에 쌈된장을 올린다.

Tip 봄에 나오는 나물들이 쌈밥으로 먹기에 좋습니다. 사찰에서는 금하고 있지만 쌈된장에 다진 양파를 넣고 볶으면 더욱 맛있게 즐길 수 있습니다.

[특별한 음식]

사찰식 나물비빔밥

재료
취나물 150g
고사리 100g
도라지 100g
당근 50g
애호박 ½개
콩나물 120g
무 100g

양념
집간장
소금
참기름
통깨
고춧가루
식용유

비빔장
고추장 3큰술
올리고당 2큰술
참기름 1큰술
통깨 1큰술

요리하기

1. 취나물은 깨끗이 다듬어 끓는 물에 소금을 조금 넣고 새파랗게 데친 후 먹기 좋은 크기로 잘라 참기름, 소금으로 밑간한다.
2. 고사리, 도라지는 3~4cm 길이로 잘라서 끓는 물에 데친 후 고사리는 집간장, 참기름으로 밑간하고, 도라지는 소금, 참기름으로 밑간한다.
3. 당근은 채 썰어 소금 간하여 볶아 둔다.
4. 애호박은 반달 모양으로 썰어 소금에 절였다가 물기를 꼭 짜서 프라이팬에 식용유를 두르고 새파랗게 볶는다.
5. 콩나물은 삶아서 소금, 참기름으로 밑간한다.
6. 무는 채 썰어 고춧가루, 소금, 통깨를 넣고 빨갛게 버무린다.
7. 비빔장은 분량대로 섞어 준비한다.
8. 그릇에 밥과 나물을 소담하게 담고 고추장을 곁들여 낸다.

Tip 많은 사람이 모일 때 먹기 좋은 음식이 비빔밥입니다. 비빔밥 재료는 취향대로 넣으셔도 됩니다. 부처님오신날 먹는 비빔밥에는 미나리가 들어가기도 합니다.

[특별한 음식]

김치잔치국수

재료

소면 250g
배추김치 100g
숙주 80g
애호박 ⅓개
소금
들기름
집간장

국수 국물

다시마 10cm×10cm 6장
표고버섯 5~6개
무말랭이 한 줌
참죽 줄기 말린 것 3~4개
감자 1개
물 2L

양념장

청양고추 1개
홍고추 1개
집간장 2큰술
양조간장 1큰술
참기름 1큰술
통깨 1큰술
후추 약간

요리하기

1. 배추김치는 살살 털어 물기를 꼭 짜서 송송 썬다.
2. 숙주는 끓는 물에 살짝 데쳐서 찬물에 헹군 후 소금, 들기름으로 밑간한다.
3. 애호박은 채 썰어 소금에 살짝 절인 후 프라이팬에 들기름을 두르고 새파랗게 볶는다.
4. 김은 가위로 가늘게 자른다.
5. 소면은 끓는 물에 소금을 넣고 2~3분간 삶다가 끓어오르면 찬물을 1컵 붓고 저은 다음, 다시 끓어오르면 건져 찬물에 충분히 헹궈 둔다.
6. 국물 재료에 물 2L를 붓고 15~20분 끓여 건더기는 건져내고 양조간장으로 색을 내고 소금으로 간한다.
7. 소면을 그릇에 담고 준비한 고명을 골고루 얹은 다음 국물을 부어 낸다.
8. 분량의 양념장을 만들어 곁들인다.

Tip 여러 가지 고명을 더하면 맛있는 잔치국수가 됩니다. 국물을 끓일 때 표고버섯을 채 썰어 소금, 들기름으로 밑간해 볶아 넣어도 좋습니다. 취향에 따라 고명으로 김가루를 올려도 됩니다.

[특별한 음식]

채개장

재료
말린 나물 50g
마른 표고버섯 3개
느타리버섯 50g
고사리 50g
숙주 50g
사각 유부 5개

양념
집간장 1큰술
들기름 1큰술
채수 6~8컵
들깻가루 1큰술
쌀가루 1큰술

양념장
고춧가루 1큰술
고추장 2큰술
된장 1큰술
들기름 1큰술

요리하기

1. 말린 나물은 물에 불렸다가 끓는 물에 20분 정도 삶고 그 물에 1시간 정도 담가 우린 후 깨끗이 씻어 적당히 물기를 짜고 5cm 길이로 썬다.
2. 표고버섯은 물에 불려서 채 썰고, 느타리버섯은 먹기 좋은 크기로 찢어 놓는다.
3. 고사리는 한 번 데쳐서 5cm 길이로 썰고, 숙주는 지저분한 것만 제거하고 데친다.
4. 유부는 끓는 물에 삶아 찬물에 헹궈 기름기를 제거한 후 물기를 짜서 조금 굵게 채 썬다.
5. 분량의 양념장을 만들어 놓는다.
6. 들깻가루와 쌀가루는 채수 ½컵에 미리 풀어 놓는다.
7. 냄비에 집간장과 들기름을 두르고 나물과 표고버섯을 넣어 볶는다.
8. 나물에 뜨거운 김이 오르면 나머지 재료를 다 넣어 5분 정도 더 볶는다.
9. 나물과 버섯들이 볶아졌으면 채수를 붓고 양념장을 푼다.
10. 국물이 끓으면 들깻가루와 쌀가루를 풀어 넣고 한소끔만 더 끓인다. 부족한 간은 소금으로 한다.

Tip   제시된 재료를 다 준비할 필요는 없습니다. 몇 가지 빠져도 충분히 맛있는 음식입니다.

[특별한 음식]

연꽃구절판

재료
연꽃 1개
오이 ½개
애호박 ½개
목이버섯 한 줌
물표고버섯 5~6개
홍·노랑 파프리카 각 1개
당근 ⅓개
더덕 2개

겨자 소스
연겨자 2큰술
설탕 2큰술
식초 2큰술
소금 1작은술
양조간장 1작은술
참기름 1작은술
레몬즙 1작은술
꿀 1작은술
(만드는 법은 18p 참고)

요리하기

1 오이와 애호박은 돌려깎기 하여 곱게 채 썰어 살짝 절였다가 물기를 꼭 짠다.

2 목이버섯은 미지근한 물에 부드럽게 불린 후 불순물을 떼어 내고 곱게 채 썬다.

3 물표고버섯은 가늘게 포를 떠서 물에 데친 다음 물기를 꼭 짠다.

4 홍·노랑 파프리카는 얇게 포를 떠서 채 썰고 당근도 곱게 채 썬다.

5 더덕은 껍질을 벗겨 어슷썰기로 곱게 채 썬다.

6 더덕을 제외한 재료 7가지 재료를 프라이팬에 식용유를 조금만 두르고 볶는다(오이와 호박은 색을 살려 새파랗게 볶고 파프리카는 기름을 넣지 않고 볶아야 한다).

7 해동된 연잎과 연꽃을 편 다음 구절판 재료를 색스럽게 돌려 담고 밀전병과 겨자소스를 곁들여 낸다.

• 냉동 연꽃은 3~4시간 전에 상온에 내놓아야 한다.

Tip 특별한 손님이 왔을 때 대접할 수 있는 최고의 음식입니다. 손이 많이 가지만 그만큼 정성이 담겨 있기 때문에 귀한 음식입니다. 애호박과 오이는 미리 만들어 놓으면 색이 변하기 때문에 상에 올리기 1시간쯤 전에 조리하시면 됩니다.

[특별한 음식]

잣떡국

재료

떡국용 떡 4대접
잣 200g
소금
물 2L

요리하기

1. 잣은 고깔을 떼어 내고 젖은 행주로 깨끗이 닦아 믹서에 물을 넉넉히 붓고 곱게 간다.
2. 냉동 떡국용 떡은 미지근한 물에 30분 정도 불린다.
3. 분량의 물을 반 정도만 넣고 끓으면 떡국용 떡을 넣는다.
4. 떡이 눋지 않게 저으면서 끓이다가 다 익으면 갈아 놓은 잣물을 넣고 농도를 보면서 한소끔 더 끓인다.
5. 마지막으로 소금으로 간한다.

Tip 잣떡국은 고흥 능가사에서 맛본 능가사만의 고유한 떡국 레시피입니다. 주지스님이신 진허 스님의 허락을 구하여 이 책에 실었습니다. 물은 처음부터 너무 많이 잡으면 안 됩니다. 잣물이 들어가기 때문에 추가되는 물의 양을 감안해야 하며 잣물은 취향에 맞게 가감하시면 됩니다.

도움 준 사람들

전효원 이지자연음식문화원(대구)
김경서 김경서의 치유음식사찰음식연구원(울산)
허미경 채우자연음식연구원(포항)
김경숙 소연힐링푸드연구소(부산)
이숙영 홍승스님의 사찰음식연구회 사무국장
윤문희 윤문희의 자연스토리(해남)
박지연 조교
김은경 조교
능가사 진허 스님(고흥)

매일매일 채식밥상

초판 1쇄 발행 2023년 2월 20일
초판 3쇄 발행 2025년 10월 25일

지은이	홍 승
펴낸이	오세룡
편집	손미숙 박성화 윤예지 김윤미
기획	곽은영 이수연
디자인	조성미
	고혜정 김효선 최지혜
홍보마케팅	정성진
음식 사진	하지권
펴낸곳	담앤북스
주소	서울특별시 종로구 새문안로3길 23 경희궁의 아침 4단지 805호
전화	02)765-1251(영업부) 02)765-1250(편집부) **전송** 02)764-1251
전자우편	dhamenbooks@naver.com
출판등록	제300-2011-115호
ISBN	979-11-6201-385-4 13590

• 이 책은 저작권법에 따라 보호받는 저작물이므로 무단 전재와 복제를 금합니다.
• 이 책 내용의 전부 또는 일부를 이용하려면 반드시 저작권자와 담앤북스의 서면 동의를 받아야 합니다.
• 음식 사진 촬영에 협조해 주셔서 감사합니다.

정가 24,000원